大
方
sight

JOAN
DIDION

11

The Last Interview
最后的访谈

琼·狄迪恩

[美]琼·狄迪恩 著
钟娜 译

中信出版集团 | 北京

图书在版编目（CIP）数据

琼·狄迪恩：最后的访谈 /（美）琼·狄迪恩著；钟娜译. -- 北京：中信出版社，2024.10. -- ISBN 978-7-5217-6735-3

I. K837.125.6

中国国家版本馆 CIP 数据核字第 2024GP8920 号

JOAN DIDION: THE LAST INTERVIEW AND OTHER CONVERSATIONS by JOAN DIDION WITH AN INTRODUCTION by PATRICIA LOCKWOOD
Copyright © 2022 BY MELVILLE HOUSE PUBLISHING
This edition arranged with MELVILLE HOUSE PUBLISHING
Through BIG APPLE AGENCY, INC., LABUAN, MALAYSIA
"The Art of Nonfiction No. 1" © 2006 by Hilton Als, used by permission
of The Wylie Agency LLC. First published in *The Paris Review*.
Simplified Chinese translation copyright © 2024 by CITIC Press Corporation
ALL RIGHTS RESERVED
本书仅限于中国大陆地区发行销售

琼·狄迪恩：最后的访谈
著者：　　［美］琼·狄迪恩
译者：　　钟娜
出版发行：中信出版集团股份有限公司
　　　　　（北京市朝阳区东三环北路 27 号嘉铭中心　邮编　100020）
承印者：　河北鹏润印刷有限公司

开本：880mm×1230mm 1/32　　印张：5.625　　字数：121 千字
版次：2024 年 10 月第 1 版　　印次：2024 年 10 月第 1 次印刷
京权图字：01-2024-2330　　书号：ISBN 978-7-5217-6735-3
定价：42.00 元

版权所有·侵权必究
如有印刷、装订问题，本公司负责调换。
服务热线：400-600-8099
投稿邮箱：author@citicpub.com

目录

1 **导语**
  帕特里夏·洛克伍德

11 **女性的焦灼**
  采访者　萨利·戴维斯
  太平洋电台，1972 年 2 月 10 日

23 **拜访琼·狄迪恩**
  采访者　萨拉·戴维森
  《纽约时报书评》，1977 年 4 月 3 日

45 **投身大漩涡的琼·狄迪恩**
  采访者　马丁·托戈夫
  《访谈》杂志，1983 年 6 月 1 日

59 **沙龙采访**
  采访者　戴夫·艾格斯
  沙龙网，1996 年 10 月 28 日

69 曲终人散后写下故事
采访者 特里·格罗斯
《新鲜空气》广播，2005年10月13日

91 非虚构的艺术 No.1
采访者 希尔顿·阿尔斯
《巴黎评论》，2006年春季刊

123 琼·狄迪恩的黄色科尔维特
采访者 哈里·孔兹鲁
2011年9月

143 采访琼·狄迪恩
采访者 希拉·海蒂
《相信者》杂志，2012年2月1日

163 最后的访谈
采访者 鲁西·费尔德曼
《时代》，2021年1月22日

她站在每一篇文章的角落里,举着黄色记事本,看着我们,说:"我曾在场。"

INTRODUCTION

导语

帕特里夏·洛克伍德

提起琼·狄迪恩，一开始的念头都不太合理。当下关于她的叙事是一部圣徒传，立传者自己都半信半疑。它的正中是一个空洞，我称之为"当然"。凌晨三点时，圣徒传对自己说，话又说回来，她那些随笔要是在今天发表，恐怕会获得不一样的反响吧？话又说回来，要是她在今天写作，她对女性主义的看法会和我们的更契合吧？话又说回来，她再怎么会连点成片，不还是没得出我们最想看到的结论？圣徒传把枕头翻面，寻找一块凉快的地方。我们究竟该多仰赖一个喜欢大门乐队[1]的人？为什么她的作品结尾总让人觉得她是站在往生之地向我们说话？她到底在表达什么？话又说回来，打一开始，她就告诉了我们答案。她站在每一篇文章的角落里，举着黄色记事本，看着我们，说："我曾在场。"

在狄迪恩的表亲格里芬·邓恩执导的 2017 年纪录片中，这些凌晨三点的问题没有出现。影片开场是一座桥，一个模糊的影子，一双光脚和未干的打字机墨的特写。一只老鼠爬过一个嬉皮士的身体，告诉我们，此刻是"摇摆的六十年代"，万事皆有可能。狄迪恩出现了，涂着鲜亮的口红，兴致不错。她的手势像烟火般夸张。她全身心地投入到说话的过程中，挥舞双手，仿佛在

---

[1] The Doors，1965 年成立于美国洛杉矶的迷幻摇滚乐队。（本书脚注均为译注。）

大把投掷她的笃定。她穿着炭灰色的羊绒毛衣，戴一条细链子，头发是高档大衣那种得体的驼色。某个镜头里，她朗读着自己的作品，看上去很开心，花更长的时间品咂一两个词，只因它们是那么恰到好处。这让我想起她的小说《顺其自然》(*Play It As It Lays*)里的玛丽亚·魏斯，她会区分什么是"得体的手镯、对得体手镯的诙谐模仿，以及不动脑子的仿制品"。

尽管如此，仍有显著线索表明，这部纪录片的对象不是等闲之辈。影片某处，邓恩问狄迪恩，当她在报道嬉皮区海特-阿什伯里时，看到那个吸食迷幻药的五岁小孩，心里有何感想。她的面部发生变化，你以为她会说："可怕极了。"然而一个短暂的停顿后，她说："不可多得的素材。"

我想起她那篇写约翰·韦恩的随笔——狄迪恩爱韦恩，不仅因为他是整个美国西部的化身，还因为正如凯瑟琳·赫本所说，倚在他身上令人心潮澎湃。他伟岸得像一棵树，一个休憩之所。狄迪恩难道不想休憩吗？她的负担难道不沉吗？少年时，她倚靠西部，它有力而坚实，象征着远方；成年后，当她发觉它无法容纳自己后，她不就感到四肢瘫软了吗？1967年，她之所以前往旧金山，难道不正因为她突然意识到美国这个国家已无法庇护自己的人民了吗？

秩序，她追求秩序。她在1977年和萨拉·戴维森的访谈里说："我的是非观非常古板。凡事非对即错。我有次和一个心理医生吃饭，对方说我是单眼视觉，说世上不是每件事都是非对即错。好吧，那对我来说太疯狂了。"

本文没什么新信息，因为狄迪恩本人早就告诉了我们。我们知道她生于1934年，看过她的家乡萨克拉门托山谷里扬扬落落的尘土，听过她的家人谈论土地易手。她的父亲弗兰克·瑞斯是一名陆军航空兵团军官，长年为抑郁症所困，严重到需要住院。她的母亲艾杜内是一个历史悠久的家族仅剩的一员，从头到脚烙印着一个姓"艾杜内"的女人会有的特质。她提供了某种精神图腾，日后将为女儿狄迪恩所珍视。我们熟知狄迪恩五岁时创作的第一个故事，它"极尽讽刺"地讲述一个快要冻僵的女人在沙漠边缘醒来，发现自己正在酷热之下死去。我们知道狄迪恩从伯克利毕业后在 Vogue[1] 杂志社工作了七年，学会了炼字。我们知道她和约翰·格列高利·邓恩长达四十年的婚姻，邓恩是她"和世界之间的中介"。不过令人吃惊的是，她在纪录片里这样描述他们如何走到一起："我去了哈特福德，爱上了他的家人，决意嫁给他。然后就这么做了。"说到这里，她的神情染上异性恋难以摆脱的凝重。"我不知道什么是陷入爱河。我的世界里没有这个概念。我只记得当时清晰地渴望这种生活能持续下去。我喜欢做一对夫妇的感觉。我喜欢身边有人陪伴。他必须得是作家，否则他不会对我有任何耐心。"

清晨的可口可乐。黄色的科尔维特和万代兰，马利布推移的海浪，皇家夏威夷酒店的窗景。她刚出生的养女手腕上的串珠，上面写着 N.I.，意思是"身份不详"。他们以地图上一个地名为她命名：金塔纳·罗奥[2]。领养她的当晚，约翰在洗面池里为婴儿

---

[1] 中文版名《服饰与美容》。
[2] Quintana Roo，位于墨西哥。

受洗，保佑她不要早夭。餐桌前，七十一岁的他左手举起，向前栽去，一动不动，狄迪恩不由自主地说，"别这样"。三十九岁的金塔纳躺在急救室里，急性胰腺炎，生命垂危。如果你还愿读下去，我们甚至可以向上追溯，告诉你狄迪恩的祖先曾和西部拓荒者唐纳大队同路，后来分道扬镳，也就是说，她从小听到的故事揭示的道理是，一切可以在转瞬之间崩塌，一支拓荒大队可以毫无预警地变成食人梦魇。我们对她的生平足够熟悉，以至于它已变成背景，供我们在此之上理解她的其他一切。

"我搞懂她的节奏了。"我在艾奥瓦一家美式餐厅里对朋友说。我不会告诉你我吃了什么，穿着什么（一个汉堡？某种样式的衬衫？）。"她的句子很平稳，很平稳，很平稳，然后到四分之三处，起落架放了下来。"她的句子会在末尾回归自身，因为它的结构是亨利·詹姆斯式的。这种结构加上海明威式直截了当的用词，会让你以为你在前行，然后直接降落。整个飞行过程中，有音乐、诗歌和集体意识里萦绕的高雅小调。

读《南与西》（*South and West*）时，我再次想起这个观察。这本狄迪恩没法完成的书在她的作品中想必很特殊。它的第二部分收集了狄迪恩在报道帕蒂·赫斯特案[1]庭审期间的笔记，她最终用它们写了一本主题更宏大的关于加州的书，即《我的来处》（*Where I Was From*）。（比起那本书我更喜欢这些笔记；它们展示了一种对信息近乎凶残的压缩。）第一部分也是全书的主要部分，

---

[1] Patty Hearst，美国赫斯特媒体帝国的女继承人。1970年代，19岁的帕蒂被绑架后，加入该团伙参与银行抢劫，成为全美最著名的银行劫匪。

它收集了狄迪恩和丈夫1970年在南方生活的一个月间记的笔记。她在开头解释道:"当时我以为能用它写成一篇文章。"

它没有成文。它具备了所有元素:宾馆泳池周围印着邦联旗的毛巾和她国际都会风格的比基尼形成鲜明对比。她写火车、高速公路、蛇、山葛——前两个是路网和基建,她理解并依赖它们;后两个是疯长腐败的自然,随时可能将她吸入并吞没。她采访了一家"黑人广播电台"的白人老板。陌生人的对话提供了洞见。累了,就躲进开着凉爽冷气的商场。她丈夫开车,但一如继往地并不现身。她很少提及他,他只在她说"我们"时出现。

这个故事的中心有一个可怕的秘密,一粒氰化物[1],这个秘密就是故事并不重要,不会带来任何改变,无足轻重。塞拉山上,雪依然在下。太平洋依旧在地碗中轻颤。我们睡了又醒,庞大的构造板块继续相互作用。干草丛中的响尾蛇。金门下的鲨鱼。南方人以为自己把土地染上了历史的血。在西部,我们相信自己的任何所作所为都不会给这片土地染上血,不会改变它或触及它。

南方人以为,而我们相信。西部是所有英雄走向的夕阳。而狄迪恩本能地知道,如果我们对南方考问得太多、太深,我们为自己编织的美国神话就会崩塌。

《南与西》在狄迪恩的作品里是一本薄书,但这是很长一段时间以来,我第一次觉得有人找对了方向。她正确地指出,南方既是一块正在扩散的污点,也是一道射向未来的箭;我们已经来到了它指向的未来。她正确地指出它是一个"秘密的源头",一

---

[1] 美国间谍在执行危险任务时会携带含氰化物的小道具,以方便自杀。

个"精神中心"。这个精神中心在过去必定神力无边,否则今天的美国人不会仍然活在其中,与狄迪恩在《记幻想政治主义》一文("Notes Toward a Dreampolitik")中写到的"秘密拓疆者们"为伍,"生活在充斥着奇想的电子脉搏里,接收信息全靠一条脆弱至极的链条,由流言蜚语和乱七八糟的小道消息组成"。

重读《向伯利恒跋涉》和《白色相册》就像读一份依然与当下息息相关的旧闻。在这些随笔中,即将到来的革命不是让人害怕或兴奋,而是让人感到熟悉——如果你读琼·狄迪恩,那你毕生都在研究它。翻开《拉斯基同志,美共马列分会》["Comrade Laski, C.P.U.S.A.(M.–L.)"],看看你在当代情境里能不能认出这个男人。"我感兴趣的其实不是革命而是革命党人。"如果事物移动得太快,她会找到一个聚焦点。她捕捉到语言如何随着脚下土地的膨胀而变得越来越雷同[1],越来越没有意义——就像兽群在感知到某种危险后,必须整合它们的回应。她在20世纪80和90年代出色地转型政治写作,这也显示出同样的先见之明:如果你感知到语言的异变,你可以预见政客会向你兜售什么叙事。

她自己也具备了权力,可以主导评论。她心中有一个危险,她在《黄金梦里人》("Some Dreamers of the Golden Dream")就已写道:故事首先告诉我们生活是怎样的,然后告诉我们应该如何生活。和沙漠一样,她会指定风格。"我们爱特定的人和故事,不是因为他们自身的品格,而是因为他们展现出了我们内心深处

---

[1] memetic,衍生自"模因"(meme),指在文化中通过模仿进行人际传播的观点、行为或风格。

某种未曾承认的东西。"

此话不假。对很多人来说，她的随笔始于酒店深处某个房间里。我们看着她从行李箱里取出经典行头，把波本酒放在桌上，给家里打电话确认时间，出现头痛预兆时在黑暗中躺下。我们为什么对她感到亲近？我们为什么会跟她一起感受到手的颤抖在抵达笔端的过程中渐渐停止？对我而言，在她所有作品里，我唯一没读的是《奇想之年》。我很年轻时就嫁给了我丈夫，他是我的依靠，储存了我的一半信息，而他有心脏病家族史——准确地说，他父亲那边的所有男性都在五十九岁时因心脏病发作而在家离世。"只要我不读它"，我经常这么想着，把这本书抛在脑后，尽管我把它放在较低的一层书架上。每当我看到它游泳池水般的碧色书脊，我眼前就出现一间厨房，墙上带着长长的螺旋线的电话，我的手就会不知所措。"只要我不读它，那天就不会到来。"

这是我的个人经历，但我们在狄迪恩身上既看到了纵深的私人性，也看到了纵横的揭示性，二者紧密相连：南方与西部，分裂的1960年代，一部横跨美国的族谱。大地皱起，像一条在某年某处买下的裙子。货运火车和她像空中飞行一样的句子。一个找对了方向的写作者。化验秤和炼字。她的祖父是一个地质学家，她自己是一台地震仪，她的女儿啜泣着说："让我入土吧"。那个牛仔和驰骋在他身畔的同伴——"破碎的人"[1]，金塔纳小时候她和狄迪恩都很害怕的怪物。这一切都共存于我们的阅读里。通过对裂痕的常年调查，她把它们联结在一起，而我们不知不觉

---

[1] 狄迪恩的养女金塔纳儿时将"恐惧、死亡和未知"合称为"The Broken Man"。

来到了她的思考中枢，她的工作场所。她说中心难以维系。她就是中心。

或许她向我们许诺的是，哪怕在这样一个时代，思想的整合依然是可能的。"某件事发生了——我和语言之间那种轻松的关系消失了……轻松产出文字的能力。它们对我是有意义的。"或许她让我们感受到，如果你记下事实，它们或许能留到最后，最后之后。角落里站着一个娇小而不起眼的记者。她留到了最后。

有人持不同意见。有时她听上去仿佛一只巨大的乌鸦正要落在她的右肩上。她呼吸的不是空气，是加州的圣安娜。你可以写一本小说来戏仿她的所有小说，书名就叫"沙漠堕胎——在车里"。你可以这么做，但又何必呢？你能想出的最犀利的笑话都无法伤她分毫。她完成的作品坚实如约翰·韦恩，可以供人倚靠。尽管她的批评者们声称它们妄想、错位、脆弱，他们都不曾想到，它们提供了可靠的彼处和此处，提供了强大的框架。靠上来吧。

我所感知到的与其说是女性的痛苦,
倒不如说是更普世的,生而为人的痛苦。

THE FEMALE ANGST

女性的焦灼

采访者
萨利·戴维斯

太平洋电台(*Pacifica Radio*)
1972 年 2 月 10 日

戴维斯 琼·狄迪恩不仅为《星期六晚邮报》等美国刊物撰写了大量非虚构报道，还著有两本小说和非虚构精选集《向伯利恒跋涉》。她写混乱而糟糕的现代生活，写人们如何死于暴力、谋杀、响尾蛇、天灾、厄运、事物的分崩离析，写普世的崩塌瓦解。她被誉为我们这代中最擅长记录焦灼的写作者，她向我们展示她的个人痛苦，并通过书写它（如刚才阿娜伊斯·宁[1]所说的那样），映照出自然的暴虐，庇佑我们免受其害。以下摘选自《顺其自然》：

> 一月，梅尔罗斯大道和日落大道之间所有独栋平房前的一品红都开了。进入雨季，玛丽亚换下凉鞋，穿上正经皮鞋和她十九岁那年在纽约买的设德兰羊毛衫。接连几个雨天，她不说话，也不读报。她没法读报，因为她一翻开报纸就不得不注意到某些故事：废弃冰箱里的四岁幼童、拿普雷克斯消毒剂过家家的小孩、被抛弃在私家车道上的婴儿、潜入婴儿游

---

[1] Anaïs Nin，法裔美国小说家、随笔家，西方女性性解放文学先驱。

> 戏围栏的响尾蛇、日常中的危险、难以言说的危险。一则接一则的新闻从她眼前掠过，让她头重脚轻：被训斥的孩子，前一秒还活着，再被发现时已经死亡；被锁在车里活活烧死的孩子，小小的脸，无助的尖叫。报道里，孩子的母亲都被注射了镇静剂。穷尽全世界的镇静剂都不足以抵御突如其来的危险。

琼，《国家评论》在写……应该是《向伯利恒跋涉》的书评里……这样评价你："她已经超越了乐观主义和悲观主义，抵达了一个充满宁静的痛苦的遥远国度，给我们带来微薄的慰藉。"我很好奇这种痛苦的主要来源是什么，它在多大程度上和你是一名女性有关。

狄迪恩　　哦，我觉得没什么关系，我不知道——我不觉得我算得上特别痛苦。不过我的确既不乐观也不悲观。我思考的方式和我是女人没太大关系。成长过程中，我没怎么意识到女性应该扮演什么特殊角色。我是说，我从没意识到自己需要做什么来迎合他人的期待，我只需要做我想做的就行。我所感知到的与其说是女性的痛苦，倒不如说是更普世的，生而为人的痛苦。

戴维斯　　我知道你写过，比如说，战争的痛苦，还有人类生存处境的痛苦，具体体现在比如海特-阿什伯里区和毒品文化上——但你用来表述普世焦灼时采用的隐喻，经常是很女性化的。比如在《向伯利恒跋涉》里，你在某处写到越过边界进入某种失控、疯狂的状态，而这种状态表现为水槽里的沙丁鱼罐头和凌乱的房间，这其实是很女性的意象。

狄迪恩　　好吧，之所以会出现这个意象是因为，的确，我是女人，我确实认为女人脑中出现的意象通常是女性化的，而我写女人比写男人更上手，就是这样。但我不是——我有一次写男人写得很满意，我在第一部小说里写过一个男人，他和小说里的女人一样和我很亲近，尽管那个女人才是主角，我觉得他最后的呈现和那个女人不相上下，但那是我唯一一次真正进入一个男人的——

戴维斯　　精神状态。

狄迪恩　　对。

戴维斯　　《顺其自然》里玛丽亚的经历几乎是一部关于痛苦和恐惧的记录，我觉得她——她的痛苦非常女性，尤其是关于她女儿、她对女儿的感受、她的堕胎，还有那些意象；她的恐惧的所有外化都是非常女性化的。

狄迪恩　　嗯，那本书里我感兴趣的一个东西，我是说在写作过程中冒出来的主题之一，是一种链条——尽管它不是那本书的主旨，但却是一个不断出现的主题之一，即存在于不同世代的女人之间、玛丽亚和女儿之间的那种链条。当她为女儿和堕胎的事忧心时，我发现她会很自然地想起她的母亲。好像有女人们理解的某种东西会代代相传，但我不知道它究竟是什么。

戴维斯 玛丽亚很加州。她的问题很加州，她处理它们的方式也是。好比说，每天辗转于高速公路之间等等。我很好奇，既然你对活着的痛苦和艰难特别敏感，为什么会选择住在加州？这些问题在这里似乎格外艰难。

狄迪恩 这个嘛，我生于加州，在纽约住了八年，婚后搬到了洛杉矶，它和我的家乡很不一样。另外，嗯，我只能用两种方式回答这个问题。其一是我觉得住在这里更轻松，我是指物理层面上的。我喜欢住在这儿。其二是，如果有，如果有一个地方——如果这世上有一个地方对我而言比其他任何地方都更真实，我就更愿意住那儿。在很多层面上，加州，还有洛杉矶，都给我一种非常——我觉得这里的现实离我很近，而我在纽约已不再有这种感觉。

戴维斯 你指的是哪种现实？

狄迪恩 玛丽亚在书里面对的问题是，她要接受存在是无意义的，而每个住在洛杉矶的人最终都不得不接受这件事，因为关于洛杉矶的一切都没有意义。

戴维斯　你是指一旦人们直面了最坏的现实，就可以应对其他任何事？

狄迪恩　对，我觉得这是我们应该做的——对。

戴维斯　多莉·普列文[1]也上过这个节目，她和你的感受基本一致——现实对她来说比对你还重要，因为她更难把握它，而她坚持声称这里是唯一能让她感受到现实的地方。

狄迪恩　感受到，没错。我没法在温室里生活，因为我会一直觉得我没有抓到重点。

戴维斯　你刚才说，你不乐观，也不悲观，但你显然足够敏感，能看到人生是，如你所说，无意义的。那你会去特意寻找能凸显出这种无意义感的题材吗？好比——我听说你之前在写一本关于琳达·卡萨比安[2]的书，你还写很长的特稿，关于海特-阿什伯里区，露西尔·米勒案[3]，说实话，还有各种你能找到的最

---

[1] Dory Previn，美国音乐创作人、诗人。
[2] Linda Kasabian，曾加入1960年代末活跃于加州的邪教组织曼森家族，目击组织成员的连环谋杀行动，最终成为庭审重要目击证人。
[3] Lucille Miller，加拿大裔美籍家庭主妇，为保险金而谋杀丈夫，并伪造现场。

令人痛苦的题材。

狄迪恩　我不写琳达·卡萨比安那本书了。我之前写了一阵。嗯，的确有些题材——我是说，我不是在有意识地寻找它们，只是有些东西会激发你的想象力，有些不会，有时候一个东西听起来就像……

戴维斯　你在寻找的东西？

狄迪恩　你想要的——不是，不是你想要的——是你不得不写的东西。我想，某种程度上，是我的潜意识在寻找它们……

戴维斯　你写海特-阿什伯里区的那篇文章真的很——关于那里的报道大概有成千上万，甚至上百万字，但在我看来你的文章最切中核心，可文章发表之后——我记得你说——你很沮丧。你对它不满意。

狄迪恩　嗯，写那篇文章的过程很怪，我在那儿待了很久，比我此前或此后写报道时待得都要久，我一直没走是因为我一直觉得我没抓到重点。我不理解那里在发生什么，回家后我还是觉得没找到答案。我是说，我仍然，你知道的，有时候……通常来说，写报道时，你在某天会意识到你不需要再采访下去了。你可以回家了，你已经弄明白了。写那篇文章时我没有这种感觉。我得马上把稿子写出来，于是我就写了。但我只是写了一连串场景，完全按照我的亲身经历。我只能这么写，因为我没得出任何结论。

戴维斯　到最后你还是觉得没抓到重点吗？哪怕它获得了那么高的评价，哪怕大家都觉得你点出了整场运动的关键？

狄迪恩　那篇文章至今对我来说都是一片空白。我不知道它是好还是坏。

戴维斯　你把注意力聚焦在孩子身上——我注意到你在其他文章里也经常采用这种手法——我记得你写了一个叫迈克的三岁小孩，他住在一个条件非常恶劣的谷仓，然后把它点燃了；还有一个叫苏珊的小女孩，才五岁，却在服用致幻剂。你之所以会注意到他们，是不是因为你也是一个母亲？

狄迪恩　嗯，当时这对我来说非常有实感，因为写那篇报道时我是一个两岁孩子的母亲，所以这些孩子在我眼前非常鲜明，之所以这么鲜明是因为我不在我的孩子身边，我感到有点……

戴维斯　隔绝？

狄迪恩　对，我很想她。

戴维斯　你在女儿金塔纳身上会投注多少时间、多少你对活着这件事的恐惧（如果可以这么说的话）？

狄迪恩　　不是很多。她非常——我的确对一切都很不安和焦虑，所以我得尽量不把它们压在她身上，不过就算我想这么做，她也不会受什么影响。

戴维斯　　你说过她是那种喜欢早上起床的小孩。

狄迪恩　　哦没错，她很能干。

戴维斯　　我们正好可以聊聊你的童年，还有《向伯利恒跋涉》里那篇讲你写日记的文章。你讲了一个在我看来非常不可思议的故事：你妈妈给了你一个笔记本，你在上面写的第一个故事是一个女人以为自己在阿拉斯加快被冻死了，结果她醒过来，发现自己在撒哈拉，快被热死了。你说你当时只有五岁。

狄迪恩　　对。

戴维斯　　我很好奇什么样的小孩会把这样一个故事写在新笔记本的第一页上。

狄迪恩　　你知道吗，我在某个地方读到，在婴儿房里，小孩刚出生的几小时内，有的小孩如果你轻轻戳一下，医生去轻轻戳一下，他们不会猛地缩回去，而有的小孩会。他们对这些小孩做了研究，那些缩回去的小孩长大之后也会很胆小，而其他小孩就很外向很开朗很能干，像我女儿一样。我觉得我出生时就是一个会往回缩的小孩。

戴维斯　　那你不相信环境的影响了，因为你自己的成长环境听起来很稳定。

狄迪恩　　嗯，没错，非常稳定。我弟弟和我完全不同。我父母都觉得匪夷所思，他们不明白我为什么这么郁郁寡欢。

戴维斯　　阿娜伊斯·宁在我们节目上谈了很多神经症和创作之间的关系，她用了很多次"神经质"这个词。你觉得你的痛苦或恐惧是合乎常理的吗？还是你觉得自己是神经质的？

狄迪恩　　嗯，我有一阵觉得自己挺神经质的。上大学时我觉得我很神经质。那时候人人都觉得自己很神经质。现在我就不知道了。我现在不会从这个角度来看问题。我现在会想，这是极端的精神病还是正常现象——就是说你还能正常生活。昨晚有人问我既然这么内向为什么不去做精神分析，我不知道该怎么回答，最后说，我不想去做分析，因为如果对自己了解太多，我可能就不想写作了，而写作对我来说比在晚宴上表现得体更重要。

戴维斯　　阿娜伊斯写道："我非常关心人类的生存处境，但我不会为之而死。"你有没有因为过于关心，导致精神崩溃而没法继续写下去的情况？

狄迪恩　　没有，起码现在没有。

戴维斯　　是因为你可以把这种关心放到写作中吗？

狄迪恩　　嗯，我认为每个人都会经历一个厌烦的阶段——不是说那种令人不快的厌烦，而是对他人怀有一种道德上的厌烦——对现实和一切感到厌烦，有时会觉得写作是无意义的。但你会穿过这个阶段，抵达只为自己的写作。

戴维斯　　但有时，比如说在写海特-阿什伯里区的时候，你会觉得一切都在分崩离析，中心难以维系。这种感觉如此强烈，我不知道你是怎么做到在如此强烈的感受之下，没有崩溃，继续工作下去。

狄迪恩　　嗯，这才是关键。我是说，你别无他法。那段时间我的确觉得写作或许没什么意义，但我仅凭对写作技巧的兴趣写了下去，更何况我也需要钱。

戴维斯　　你放弃写琳达·卡萨比安那本书了。

狄迪恩　　对。

戴维斯　　接下来打算做什么？

狄迪恩　　我刚开始写一本小说。我也刚开始写一本非虚构。我不知道哪本能——我先写一本看看，然后再写另一本。

戴维斯　　琼，非常感谢你做客我们节目。

我反感社会行动，因为它通常意味着社会管制，意味着干涉、规章、做别人想让我做的事。

A VISIT WITH JOAN DIDION

拜访琼·狄迪恩

采访者
萨拉·戴维森

《纽约时报书评》(*The New York Times Book Review*)
1977年4月3日

她的办公室是她醒着做梦的地方。房间很小，斯巴达式的朴素装潢，窗帘永远拉上。有些道具和提示卡。在写《公祷书》(*A Book of Common Prayer*)时，她在墙上挂了一幅中美洲地图。桌上陈列着来自哥伦比亚的明信片、一张新闻照片（上面是一家加勒比酒店的清洁工在清洗血迹）、几本关于热带植被和热带医药的书、一张委内瑞拉国际航空公司的航班表，"马拉开波—巴黎"航线用蓝笔圈出。"马拉开波—巴黎——我当时觉得这大致就是这本书的地理疆域"，琼·狄迪恩说。

这条路我开了六年，这次感觉格外短。沿着太平洋海岸高速公路，向特兰卡斯开四十英里，我来到琼和丈夫约翰·格列高利·邓恩和女儿金塔纳的家。开过马利布后，地貌发生变化。山坡上长着野芥菜和仙人掌，海滩不再有海湾环绕。这里就是海岸。

琼喜欢"形式感"，在她家，傍晚在精心安排下展开，如同她书中的叙事曲线。房间四处摆放着热带兰花。我们在壁炉的火前喝酒。琼穿长裙，白色人字拖，发间别花。她走向厨房，凉鞋在瓷砖上发出轻响，她一面看着白板上的菜单，一面备好晚餐：

醋拌菜蓟

烤猪腰肉配橘子酱

玉米舒芙蕾

焦糖布丁

这是 2 月的一个周六,驱车前往特兰卡斯采访琼时,我有些不安。她不是个特别健谈的人。我们录了四小时,她后来说:"里面有两个小时都是我的停顿。"我在安装设备时,约翰·邓恩晃进客厅,穿着一件蓝睡袍。"一到星期六我就心神不宁。"他说,"浑身不对劲。"

他问琼:"有可乐吗?我拿了就走,免得我替你把问题都答了。"她给他拿了罐可口可乐。

约翰回到书房后,我们在沙发上坐下。琼穿着浅蓝套头衫,褪色直筒牛仔裤。她头发中分,金里泛红。她要么抽波迈牌香烟,要么把一根蓝色发圈在指间绕来绕去,有时话说着说着就化为轻快的笑声。

狄迪恩　　咱们怎么弄?怎么才能聊得自然点?

戴维森　　反正我知道我有很多东西要问你。
狄迪恩　　那我们就照着常规的采访来。

戴维森　　对,我还列了些问题。我觉得也只能这样,不然的话……
狄迪恩　　(笑)……不然我们最后就做饭去了。

戴维森 你能不能讲讲《公祷书》的起源?

狄迪恩 1973年春,约翰和我去了哥伦比亚的卡塔赫纳,全程都像一场幻觉,部分原因是我发了高烧。北美走上了这条路,而南美走上了另一条,这在我看来非同寻常,我不明白为什么会是这样。我读到的都是他们的资源比我们多,什么都比我们多,最后却走上了另外一条路。

戴维森 你说的另外一条路是指?

狄迪恩 很显然,他们没有我们这么工业化,这是其一。还有,在北美,社会矛盾在出现后很快就会被削弱,被挪为他用,但拉美似乎没有任何能推迟革命到来的政治机制。一切都非常鲜明。时间坍塌了。一切比你想得悠久得多,却今早才诞生。

戴维森 你读了加西亚·马尔克斯的《百年孤独》吗?

狄迪恩 读了,写得好极了。读的时候我被它彻底折服,等我到了那里,才意识到这本书更多的是社会写实,而不是奇幻。我之前认为很奇幻的部分其实非常纪实。

戴维森 你在写这本小说时在技法上有没有什么意图?

狄迪恩 有,我把它写在那张中美洲地图上了。"表象要像彩虹一样光滑、多变、坠落、抛弃、五光十色。"

> 我想勾勒出一个具有欺骗性的表象，它看上去是一回事，看穿之后会变色。

戴维森 那些重复的语句是什么用意？

狄迪恩 我需要时常提醒读者在事物之间进行关联。它近乎于一种唱诵。你可以把它看作是在驱除咒语，或是应对某种当代的恶魔。我一时说不好那些恶魔是什么，但有一个大致范围：闪电政治[1]，性冒险主义[2]。

戴维森 你对政治有什么看法？

狄迪恩 我从不相信解决人类问题的答案在所谓的政治中。我觉得要是真的有答案，它在人的灵魂中。我反感社会行动，因为它通常意味着社会管制，意味着干涉、规章、做别人想让我做的事。我从小接受的是西部拓荒者的道德准则。它意味着不被他人打扰，也不打扰他人。我家里人认为这是最崇高的人类行为。

戴维森 你投票吗？

狄迪恩 偶尔投。我对议题几乎毫无知觉。我是说，对我来

---

[1] 通常指突然发生、立即获取公众关注的政治事件，包括突发新闻、政治丑闻、突然的政治决策等。
[2] 指进行非常规的性爱活动、通过性爱进行冒险的行为。

说，它们就像大海上的涟漪。在一个政体的生命中，真正的运动发生在表面之下，而我对底下发生的事感兴趣。《生活》杂志所谓的"我们时代的生活质量"，决定它的不是白宫的当权者，而是经济力量。我个人支持无政府主义。把现有法律扔掉，撕毁，从头开始。这很浪漫，因为它预设如果放任人们自行其是，他们会彼此帮助。我怀疑事实并非如此，但我愿相信它是真的。

戴维森 你会共情书里的夏洛特和格雷丝吗？

狄迪恩 你会和所有人物共情。他们成了你的家人，比你认识的任何人都和你亲近。某种程度上他们搬了进来，占领了家具。既要写书，又要过一个正常的、有社交的家庭生活，就会有这样的困难。

戴维森 和人见面、获得外部刺激会给你带来什么影响？

狄迪恩 会对我造成一些伤害。你要么坐在那儿，封闭自我，要么就要参与到别人的事里，然后你就失去了头绪。你的大脑关机了，而且不仅限于你在社交的那段时间。我开始把大脑看作一种机器。如果它运作顺利，我几乎能听到稳定的嗡鸣声，但要是它停工几天，就得等一段时间才能重新运转起来。

戴维森 在《我为什么写作》("Why I Write")里（来自狄

迪恩在加州大学伯克利分校发表的演讲），你表达了对写作过程的自信，但我知道你不是一直都能感觉到它。

狄迪恩　我表达的与其说是自信，不如说是一种盲目的信念：只要你日复一日地去写，你就会越写越好。你在工作室里写了三天，每天都不如意。但到了第四天，要是你进去了，而不是去城里或花园，你往往会取得突破。

戴维森　你每天醒来是什么感觉？

狄迪恩　哦，我压根不想进去。有一种轻微的恐惧，每天早上都是。但当你进去待一个小时之后，这种恐惧就消散了。我老是在说"进去"，仿佛有一个特定的房间，一种不同的氛围。某种程度上，的确如此。几乎有一堵心理的墙。空气会发生改变，你不想穿过那扇门。但一旦你进去了，你就在里面了，很难再出来。

戴维森　我一直以为写了那么多年之后，那种恐惧会消失。

狄迪恩　不，不会的。你怕你写得不对，怕你写砸了，怕失败。一本书在成形之前很娇气，你不止是早上害怕，你会怕一整天。一旦书开始成形，你就只会在早上害怕，然后偶尔有几天写得不好。但在此之前，没人能保证它能成形。小说到了某个点需要换挡，否则叙事没法接下去。这个点必须在前三分之一里发生，它在这里进入超速运转。有些小说，你拿起来读，一开始觉得棒极了。读到七十页，你去吃午饭或干点别的事，然后就再也不会读下去。你没有往下翻的冲动。作者必须营造出一条叙事弧，在大概七八十页的地方提供一个强大的推动力，把情节往下推。就像火箭发射一样：到达某一点后，它会甩掉那些发光发亮的东西，开始自由飞行。

戴维森 你写书时是什么感受？

狄迪恩 我尽量悬置我的观点。我在写的时候很讨厌我的书。但如果我任由自己讨厌它，就没法把它写完，然后我就会情绪低落，觉得自己一无是处，每天无所事事。

戴维森 你半途而废过吗？

狄迪恩 我有次写了四十页就放弃了。

戴维森 会很低落吗？

狄迪恩 会。一开始你会感到超乎寻常的狂喜，觉得自己做了正确的决定，一切在你掌控之中。但这个你没能完成的东西就会躺在那里。你总会想，要是你再努把力，或许就能取得突破。我要说的是，它是一个失败。不管你做什么，都很有可能遭受精神上的失落。

戴维森　你在完成《公祷书》后心情如何?

狄迪恩　我很累,太累了。我都不想读它,我现在还没读。不过我喜欢它,这种喜欢很抽象。它又变成一个梦了。

戴维森　成功和失败对你来说很重要吧?

狄迪恩　对。我想是的。我不想做我做不好的事。我不想滑雪。(笑)

戴维森　网球呢?

狄迪恩　我会打网球,打得不好,但我现在不把它当作打网球,而是温和的锻炼,能让我看上去有点气色。我还没学会怎么发球。我的网球老师时不时会让我练,但它对协调性要求很高。他上周又让我发球,我都快哭了。我很生气,因为我接球真的接得还不错。

戴维森　能不能聊聊你的写作方式?

狄迪恩　一开始我写了第一段,然后往下写了大概三页。然后我害怕起来,开始东跳西跳,写一些零散的东西。

戴维森　你在怕什么?

狄迪恩　怕我没法把它维系下去。我开始写一些零零散散的东西，等我有一些读起来像开头的碎片后，我就不怕了。我回到开头，一路写到大概四十页的地方。那时书的方向开始出现细微偏差。比如，很明显有一个叙述者。我没打算要一个叙述者。我本来打算用女性作家的声音来叙述，由我作为作者来跟读者讲这个故事。但"我"的存在感太强了，她变成了一个人物，于是我又回去把前四十页照那个叙述者的口吻重写了一遍。随着故事继续发展，很多东西不断变化，虽然你知道前面有些东西不对，你还是可以继续往下写一会儿，但你不能走太远，否则就不准确了。如果你知道前面有个东西不对，你就没法当真，所以我又从头写了一遍。我一共从头写了十二遍。我去萨克拉门托结尾的时候都还想再重写一遍，但时间不够了。

戴维森 你的书都是在萨克拉门托结的尾。那是一种仪式吗？

狄迪恩 在那儿写作很轻松。我能全神贯注，因为不会有人打电话找我。我无须过真正的生活。在我父母家，我就像个孩子。

戴维森 你有自己的房间吗？

狄迪恩 有。墙是康乃馨粉色，藤蔓和树把窗户都遮住了。它就像一个洞窟，一个非常安全的地方。在里面写作很舒服，它很适合收尾工作。我之前在约翰的工作室里写过，但感觉不自在。里面书太多了，我能感到他人的观点压在我身上。我在伯克利的教职工俱乐部工作过一个月，但在那儿写也很困难，因为那幅中美洲地图不在我身边。倒不是说上面有博卡格兰德[1]，但那幅地图，那条狭窄的地峡，已经在我脑海中获得了生命。我对这本书的担心之一是里面出现了好几种天气，因为它发生在旧金山、美国南部和中美洲。这听起来很傻，但我很害怕天气的改变会打断叙事。我担心你读完之后什么都不记得了。我想让你读完之后记得中美洲的天气。所以我书房里放的东西都和它有关。

戴维森 你是怎么选定这个书名的？

狄迪恩 就是感觉很对。《公祷书》这个标题对这本书很重要。至于为什么，我也不知道。我的编辑亨利·罗宾斯（Henry Robins）问过我书名的用意。我当时跟他胡诌了一通。我不记得我说了什么，大概就是整个故事就是一句祷文。你可以说它是格雷丝在为夏洛特的灵魂祈祷。如果一个叙述者像这样突然冒出来，她给你讲一个故事，一件已经发生的事，不可能光是为了让你开心。她跟你讲故事肯定是有原

---

[1] Boca Grande，狄迪恩在小说中虚构的地名。

因的。我想这个书名的作用大概是这样。

戴维森 你对宗教也像对政治一样持怀疑态度吗？

狄迪恩 我在某种程度上挺信教的。我从小信圣公宗，后来不去教堂了，因为我不喜欢那些故事。你知道浪子回头那个故事吧？我从来都不理解它。我不明白浪子凭什么应当比他的兄弟获得更好的待遇。很多故事的道理我都不懂。我思考的方式过于字面意义，过于实际，这些故事对我没有任何吸引力，反而让我光火。不过我喜欢主教礼拜时说的话，我会在脑中一遍遍重复它。每场礼拜都有这句话："起初如何，今日亦然，直到永远。阿门。"它对一个孩子来说非常抚慰。对大人也是。我的是非观很古板。我是说，我对任何事都会用对错来评判。哪怕是小得不能再小的事。一张桌子也可以有对错。

戴维森 人的行为呢？

狄迪恩 行为也是。我有次和一个心理医生吃饭，对方说我是单眼视觉，说世上不是每件事都非对即错。好吧，那对我来说太疯狂了。要想在这个世上还算有目的地活着，你得相信事物是有对错的。

戴维森 你受过哪些作家的影响？

狄迪恩 就风格而言，我认为二十岁之后读的书都不会改变你。影响始于开始写作之前。你从我的作品里绝对读不出来，但其实我在十三四五岁时受海明威影响很深。从他身上我学到怎么写句子。在一个段落里，一个短句、一个长句怎么发挥作用，什么地方用句号。每个字都得有意义。这让我为文字而激动。康拉德也一样。他的句子听起来美极了。我记得有一次我发现《黑暗之心》里最关键的句子都在括号里，当时我激动坏了。我上了大学才读到亨利·詹姆斯，他让我学会接受你永远不可能做到完全精确。詹姆斯用很多从句，它们让句子拥有多种可能，从而涵盖尽可能多的东西。这给我留下了深刻印象。

戴维森　你现在怎么决定读什么书？

狄迪恩　我在写作时不怎么读书。如果它写得特别好，我会很沮丧，因为我写得没它好。如果它写得烂，我会沮丧，因为我写得跟它一样烂。我不想让其他任何人的文字韵律进入我的梦里。我从没读过（E. L. 多克特罗的）《拉格泰姆时代》。我翻开第一页，发现它的韵律感很强，就像碰到一条蛇一样把书放下了。

戴维森　你的生活方式里有种美学。你曾说每天要用好的银器。

狄迪恩　对，每一天是我们仅有的东西。

戴维森　你欣赏高雅的东西吗?

狄迪恩　对,因为它让你心情好。它是一种形式。我喜欢有特定的形式,固定的仪式。我喜欢做饭,喜欢刺绣。它们都很平静,也是一种关怀的表达。

戴维森　你说自己很内向,能不能具体讲讲?

狄迪恩　我不太喜欢社交。我有很多喜欢的人,也很高兴见到他们,但我不会有什么存在感。部分因为我非常不善言辞。我只有在写作时才能想出完整的句子。

戴维森　这会不会让读过你作品的人很惊讶,因为他们以为你在言谈中也同样畅达?

狄迪恩　我不知道他们对我有什么期待,但他们显然不明白这是怎么回事。(笑)我不知道为什么,也不知道我能拿它怎么办,对我来说,还不如不去想它,去努力做我擅长的事。

戴维森　我之前问过你喜不喜欢住在特兰卡斯,你当时说觉得这里的气候环境非常恶劣。

狄迪恩　我住过的地方里,唯一一个气候宜居的是夏威夷。其他地方的气候对我来说都很恶劣。

戴维森　是什么让夏威夷的气候宜居,哥伦比亚卡塔赫纳的气候恶劣?

狄迪恩　　在加勒比，东西会腐烂，真正的腐烂。夏威夷也是热带，但没有腐烂。

戴维森　你确定？

狄迪恩　　好吧，那里也会发霉。我就是觉得它很宜居。它是甜的，闻起来是粉色的，像花。它是一个粉色的世界，让我很舒服。这里很干，一片沙漠。高速公路对面长着仙人掌。要是那个向海的坡上长起仙人掌来——我经常会想象这个场景，仙人掌穿过太平洋海岸高速公路，长到那个坡上。我不喜欢沙漠，不喜欢干燥。我喜欢一切都是湿润的。

戴维森　那你之前为什么幻想在内华达买地？

狄迪恩　　那是美国最后一个可以买下目之所及的土地的地方。那里地价相对便宜。就在五年前，内华达南部的土地还卖过三美元一英亩，总共九十万英亩。当然了，上面什么都不能种，也没法放牧，但你可以拥有目之所及的土地。上面不会有其他任何人。

戴维森　你在上面会做什么？

狄迪恩　　远眺。（笑）

戴维森　对你来说，住在海边重要吗？

狄迪恩　　不重要。我喜欢天际线。我喜欢平坦的视野，站在内华达南部九十万英亩的土地上远眺看到的那种平坦。一条直线横穿而过，你知道自己在哪儿。但我几乎很少下到沙滩上去。

戴维森 为什么？

狄迪恩 我通常都在工作。

戴维森 约翰会编辑你的作品吗？

狄迪恩 会，我们互相编辑作品。很多人都不明白我们互相编辑怎么还能住在一起，但其实完全没问题。我们相信彼此。有时我们会有不同意见。当然了，要是有人跟你说有个地方写得不对，你肯定不想同意。我说的不是那种分歧，那只是因为夜已经深了，你很累了。我说的是，有时候，哪怕经过深思熟虑，我们还是会有分歧，但我们有默契，知道不要把对方逼太紧了。我们很清楚，我们容易把自己的语感，尤其是自己的风格，施加到对方身上。所以出于默契，我们只会说："这个地方不对。可以这么改。"如果还有较大分歧，我们就不提了。

戴维森 你现在更有兴趣写小说而不是非虚构吗？

狄迪恩 我正在写一本非虚构。我一直想写本书来讲加州的水。我对水——运水管道，跨区运水的机制——很感兴趣。我可以看引水槽看一整天。我喜欢水坝，它们让我心折，它们太美了。

我很想看水利工程的运作，但还没找到什么理由找人带我去看。好比说，帝王谷的农民会预约用水。你需要提前一周或一晚预约，然后灌区管理员会去水沟，打开通往各个牧场的阀门，放出定量的水。我对这背后的技术很感兴趣。但我不知道写它有什么用。或许我只是想当那个开闸放水的人。因为我对这个感兴趣，又因为我只会写作，我想写一本关于加州用水的书，但我跟纽约出版社的人聊了这个想法，他们不是很感兴趣。

戴维森 你本来可以住在任何地方，纽约、南方。你选择洛杉矶是因为它很有趣吗？

狄迪恩 我喜欢这里。我喜欢它的能量，它的惰性。这里很适合工作。天气还行，这个地方很中性，对我来说没什么社会意涵。

戴维森 你喜欢开车吗？

狄迪恩 不，特别不喜欢。我很少开车。老有人让我发表对高速公路的意见。我开高速公路的次数用两只手都数得过来。我只能从高速公路的起点开上去。我没法从其他正常入口进去，不然我会僵掉，像一个站在滑梯起点的孩子一样。对我来说高速公路很棘手，所以我才对它着迷。在开高速时，我会觉得自己飞过大西洋，到了月球，我会不停地想：我到底在哪条车道上，天桥在哪儿。《顺其自然》里那两页关于高速公路的描写就来自这种着迷。

戴维森　你对电影社群感兴趣吗？

狄迪恩　我对电影产业感兴趣，你可以观察它的运作方式。我喜欢观察特定行业的动向。我喜欢拍电影的人。如果我住底特律，我会想去认识汽车行业的人。我想知道下一步的动向在哪儿。

戴维森　你为什么会写电影剧本？

狄迪恩　当然，原因之一是为了挣钱。表面上你可以说，写剧本和写书赚的钱差不多，但其实不是这样的。你没法一年写一本书，但你年年都得生活。很多作家靠教书和做讲座维生。我不喜欢这样，太耗精力了。

戴维森　要是遇到挫折怎么办，比如说项目黄了？

狄迪恩　如果你的自我认知建立在有没有电影在拍，那你还不如去旧金山，心灰意冷之后跳桥得了。但对我和约翰来说不是这样的。我们真正的生活在其他地方。写剧本只是一个游戏。它让人心满意足，也很好玩，起码写第一稿时很好玩。你不像是在写东西，像在干别的事。

戴维森　　你觉得露骨地写性是合适或可行的吗？

狄迪恩　　在小说里没什么是不合适的，没有禁区。事实上我不知道谁写性写得特别好。唯一一个写性写得很露骨但读起来不让我非常不适的作家是诺曼·梅勒。我知道很多人不同意。梅勒写性的方式很干净，直接，不煽情。他是很严肃地在写。我写性的手法更隐晦一点。《公祷书》里有很多和性有关的内容，《顺其自然》里也有很多，但都在底下。我更喜欢把它处理成一种底色。

戴维森　　有人抱怨你笔下的女性很消极，她们随波逐流，过着无意义的生活。你觉得夏洛特·道格拉斯是这样的吗？

狄迪恩　　不是，我笔下没有哪个女性是这样的。我认为他们混淆了消极和成功。消极就是消极，积极就是积极。积极并不一定意味着成功。夏洛特在博卡格兰德时非常有主见，而其他人都精疲力竭。她知道自己在做什么。

戴维森　　她好像没有中心，一个为之而活的目的。

狄迪恩　　当然了，她在书里陷入了危机。我不知道有多少人拥有你所说的明确运作的中心。

戴维森　　你有你的写作，无论发生什么，它都在支撑你。你

	也很爱你的家人。
狄迪恩	这些可能明天就会坍塌。不仅对女人如此，我们每个人都要面对这个命题，去找到自己的中心。夏洛特在博卡格兰德找到了她的中心。她通过离开博卡格兰德找到了自己的人生。我们大多数人会精心构建一些秩序，免得在中心上消耗太多时间。
戴维森	你觉得自己是个悲伤或阴郁的人吗？
狄迪恩	不会，我觉得我是个很快乐的人，性情开朗。我总是很惊讶地发现很多简单的事物会让我开心。每晚我经过窗户时，看到星星出来了就会很开心。当然，星星不是一个简单的东西，但它让我开心。我会看很久的星星。我总是很快乐，真的。
戴维森	你怎么看待衰老？
狄迪恩	我写得很慢，要是我乐意，我可以算出我还能写多少本书，尽管我不想这么做。我现在写得更多，更努力了。我有一种紧迫感。

我觉得现在我们没法确信无疑地去做任何事。寄希望于出口我们的价值观、我们抽象的政治理念是不切实际的。

JOAN DIDION IMMERSES HERSELF
INTO THE MAELSTROM

投身大漩涡的琼·狄迪恩

采访者
马丁·托戈夫

《访谈》杂志（*Interview*）
1983年6月1日

1982年6月，琼·狄迪恩和丈夫约翰·格列高利·邓恩前往萨尔瓦多，为《纽约书评》撰写报道。报道最终以三篇文章发表，并由西蒙与舒斯特出版社于上月结集出版。如果你熟悉狄迪恩的作品，你不会对此感到意外；这位备受赞誉的随笔家、批评家、记者、小说家和编剧多年来一直关注着这个地区。在狄迪恩1978年出版的小说《公祷书》里，她虚构了一个位于中美洲、酷似尼加拉瓜的国家博卡格兰德，并预言般地描写了一个索摩查[1]式家族政权的倒台。眼下萨尔瓦多深陷一场惨烈的内战，尼加拉瓜新出现的反桑地诺叛乱组织[2]让该地区的局势更加紧张，美国政坛正激烈讨论着萨尔瓦多右翼政权的侵犯人权问题，以及美国是否应加大对其的军事援助，我们似乎可以合理认定，能把握萨尔瓦多局势的作家，非狄迪恩莫属。

读完《萨尔瓦多》，我强烈地意识到是什么让狄迪恩的非虚构作品独树一帜，让《向伯利恒跋涉》和《白色相册》跻身经典——它建立在一种高度敏感的感性之上，它脆弱却坚定，善于寻找细节和反讽，行文风格出类拔萃——而这一切都使《萨尔瓦

---

[1] Somoza，政治家族，从1936至1979年统治尼加拉瓜长达43年。
[2] 桑地诺指桑地诺民族解放阵线，是尼加拉瓜的一个左翼政党，得名于尼加拉瓜民族英雄奥古斯托·塞萨尔·桑地诺。1960年代，索摩查家族独裁政权的反对者以桑地诺为榜样，成立了该党，并最终于1979年推翻了索摩查家族。

多》更让人心碎。她在书里描述了她对萨尔瓦多的印象，其中最透彻的或许是"一场拉长的失忆型神游"和"一个真正的暗夜[1]"——换句话说，你没法"把握"萨尔瓦多，那里只有对权力的野心（一个身居高位的萨尔瓦多官员告诉狄迪恩："你别把这句写下来——这里没有问题，只有野心。"），而它被"问题""局势""真相""解决方案"这样的辞藻所遮蔽。那里更多的是她后来深有体会的"精准的恐怖机制"，是埃尔普拉翁和魔鬼门，谋杀军团在这两地掩埋"失踪人口"面目全非的尸体是她在书的一开始就分享的"实用情报"：

> 在萨尔瓦多，你会听说秃鹫会先吃软组织，比如眼睛、暴露的生殖器、张开的嘴。你会听说人们会借张开的嘴来发表特定观点，给它塞上具备象征意义的东西，比如一根阴茎；如果要发表的观点和土地产权有关，就会给它塞上那片土地上的土。

她告诉我们，"恐怖是这里的既成事实"，在萨尔瓦多，恐怖和死亡真实可感，其余都是辞藻、幻象。我们在卡莱尔酒店的套房里面对面坐下，我看到她的第一反应是，她看上去多么不适合去见证这样黑暗的力量。她不仅极其娇小，还是一个苍白、瘦弱、举止温和的女人，栗色头发，说话带轻柔的西部口音，只有双手看上去很有力，蓝色眼睛专注坚定，仿佛一股大风就能把她

---

[1] Noche obscura，源自16世纪西语诗人、神秘主义者十字架的圣约翰（St. John of the Cross）的诗作《灵魂的暗夜》，特指灵魂在与上帝结合的过程中需要经历的试炼。

刮到房间的另一头……这样一个人选择投身到萨尔瓦多这个大漩涡，让她取得的成就更加令人惊叹和折服。

托戈夫　你为什么选择用这种手法来写这本书？看上去你选择了关注萨尔瓦多的生活"质地"，告诉读者在那种环境里居住是什么样子；但与此同时，你似乎避开了国务院那群人口中那种"大局"，即地缘政治问题，俄罗斯人、古巴人、尼加拉瓜人。

狄迪恩　它会时不时渗透到作品中，但我不想对此过多着墨。我知道我在做什么。我觉得没必要写"大局"，因为我们不知道大局是什么。而且有太多人不停地跟我们讲什么是"大局"。我不同意他们的描述，我想用我的亲身印象来说话。

托戈夫　你在萨尔瓦多时行动受限吗？

狄迪恩　没有，我们想去哪儿都可以。到处都是路障，你要是没有对的文件，事情完全可能演变成糟糕的结果。我们很小心地随身携带美国国防部开给我们的记者证明。我们有时必须停止活动，因为叛乱者会定期点燃路上的轿车和卡车。

托戈夫　只有你和你丈夫吗？你们有向导吗？

狄迪恩　没有向导，我们就租了一辆车。有时和其他记者一起出行。我们尽可能到处看看。

托戈夫　你在书里用了"被消失"这个词,说它的用法如下:当我们说某人"被消失"了,他其实是被绑架了,而绝大多数"被消失"的人会被折磨、处死、毁尸。你们当时不会觉得这也可能发生在你们身上吗?

狄迪恩　我们当时不这么觉得,因为总有人知道我们在哪儿,我们什么时候出门……不过现在想来,我意识到哪怕有人知道你的动向,也没什么用,不是吗?当你在那儿时,你会尽可能小心,但是想再多也没用,你到那儿是去工作的,你不能因为害怕就不采访了。但你的确无时无刻不感觉到危险。我记得我们到那儿的第一晚,和一群记者在一起,我当时注意到的第一件事就是每个人都朝着门坐。

托戈夫　你在那儿看到了很多恐怖的东西——抛尸坑、太平间。这些东西我们在报纸上,有时甚至在电视上也能看到,但我们离那个现实还是很远。亲眼看到它们会不会改变你对事物的感知?

狄迪恩　会。去年夏天从萨尔瓦多回来时,我记得我们是在纽约降落。我很吃惊地发现,航站楼外有两个出租车司机在吵架、争执……他们在互相嚷嚷,仅此而已。但经历萨尔瓦多之后,我受到严重惊吓,想要跑开躲起来，因为在萨尔瓦多的短短两周里，我都活在一个提高嗓门就可能招致死亡的环境里。人们总在谈论纽约有多暴力。它是一种奢侈。

托戈夫　你在书中提到理解的不可能，你用的词是"不可译的"。这是否意味着，作为美国人，以我们的价值观和视角，我们无法真正体会那里正在发生什么，因为它不在我们的参照系之内？

狄迪恩　我觉得除非你去当地，否则不可能真正体会。比方说，我们一直在等法院审判那几个杀死四名美国修女的萨尔瓦多国民警卫军。我想说的是，在萨尔瓦多，你很难想象那几个警卫军会被绳之以法，就像在美国，你很难想象他们不被绳之以法。那里的局势非常糟糕，每当有人试图跟你解释时，他们会把它放在一个理性的框架里。他们会把它"合理化"，我的意思是，光是讲述它本身，就是在试图让它听上去是合理的。它其实无法被讲述。比如说，要是那里发生了什么，它通常会出现在大使馆的通报里。在致国务院的电文中，它会显得比实际情况更合理些。等国务院发言人把它翻译过来，它会进一步被合理化。它在抵达美国受众时已经完全变了样：它看上去很合理，但其实并非如此。

托戈夫　我很好奇这会如何影响到我们的政见，无论你是一个自由派民主党人还是保守的共和党人。如果美国人的经验和萨尔瓦多的现实存在如此的割裂，我们是不是可以把任何一种建制或理想强加给那里的局势？我想问的是：如果那里的局势本质上是"不可译的"，我们如何知道我们该做什么？

狄迪恩　我觉得现在我们没法确信无疑地去做任何事。寄希望于出口我们的价值观、我们抽象的政治理念是不切实际的。我们遵循的抽象理念完全不适用。我们被我们的现有路线严重蒙蔽了。它不可能取得好的结果，它对我们没有好处。它和我们的利益背道而驰。

托戈夫　你觉得我们的利益是什么？

狄迪恩　我们的长期利益是在北半球拥有盟友，获得其他国家的尊重和支持。而我们似乎正在把它们一个个赶走，把自己孤立起来。我们实际上在把美国变成一座堡垒，始作俑者不是苏联，是我们自己。如果说苏联希望我们在北半球被孤立，变成一座孤独的堡垒，那我们正在竭尽所能地帮他们实现这一目标。这就是我所说的适得其反。

托戈夫　萨尔瓦多的事态是否主要来自贫富阶层间的冲突？

狄迪恩　我认为它更多的是同一阶层内部的冲突。有人将这视作一场人民革命——它有这些元素，但我认为不是源头。特权阶层之间存在冲突，比如传统寡头，比他们略低一级的从业者、军官、商人，这些人不一定拥有大量财富或资产。

托戈夫　换句话说，社会精英之间存在冲突，他们都想掌权？

狄迪恩　想掌权……而他们的矛盾之一是如何处理底层的人。更具体的我没法说了，我没在书里写，但这个需要有人来写。这场冲突发生在掌权者和那些渴望获得权力、有一定权力、暂时失去权力的人之间。正是它引发了尼加拉瓜的革命：有人来自权势显赫的家族，但他们不是当权的索摩查家族……后来它演变成了人民革命。

托戈夫　游击队在人数、军备上都比不上萨尔瓦多军，为什么他们的战绩如此出色？

狄迪恩　军事上吗？好吧，我不是专家，但美国政府似乎发现萨尔瓦多军士气低落、缺乏策略。他们像发乒乓球一样三个营三个营地派出军队，而游击队只需要躲进山里销声匿迹。于是这三个营只有匆忙赶去别的地方，然后游击队又冒出来了。

托戈夫　萨尔瓦多军的普通军人，那些要杀进山林的底层士兵，他们是不是和游击队战士来自同一个社会阶层？

狄迪恩　对，他们不想打仗；他们不可能想打。这是概率问题：要是你到了入伍年龄，被国家征兵，你就在军队里；如果他们没把你征走，游击队来到你的镇上，你很容易就成了游击队。有几个档案显示萨尔瓦多军官会卖武器和装备给游击队——局面非常混沌。但萨尔瓦多军的士气的确不高。

托戈夫　政府安全部队使用的恐怖手段我们都听说很多了。游击队也会采用这些恐怖手段吗？比如在越南，越共进村后会把男孩召集起来，威胁他们说要是他们不加入，就会把男孩们的父亲爆头……

狄迪恩　没错，游击队员也发起过很多恐怖袭击——不过我不知道他们会不会像当年的越共那样做，我确实不知道。不过很多人都提过他们的公关手段，它似乎很奏效——他们会给俘虏好吃好喝，然后把他们放了。这非常打击萨尔瓦多军的士气。

托戈夫　如果萨尔瓦多政府获得了它想要的军事援助，你觉得会发生什么？

狄迪恩　还是老样子。这就像为一个已经破产的公司争取一点点时间，免得有谁会沦为"输掉"萨尔瓦多的人。

托戈夫　反过来看，如果我们切断援助，用国务卿乔治·舒尔茨的话来说，游击队能"一路杀上台"吗？

狄迪恩　很难说……我猜右翼会把全国上下的人都杀光，他们会想这样解决问题……如果切断援助会发生什么？或许1979年离开萨尔瓦多来到迈阿密的有钱人会重新回去。那年萨尔瓦多流失了20亿美元。

托戈夫　如果停止援助，我们是否会失去对当地局势的影响？

狄迪恩　但我们现在给钱也无力影响当地局势。我觉得我们应当促成协谈，让墨西哥和委内瑞拉等这一地区的国家参与进来，而不是通过军事武装解决问题。

托戈夫　如果左翼同意就选举进行协谈，你觉得萨尔瓦多的当权者会愿意和左翼分权吗？或者他们愿意和中间派分权吗——如果有中间派的话？

狄迪恩　我不认为他们会同意和左翼分权；他们甚至不愿和中间派分权。他们一直在系统性地消灭基督教民主党人……萨尔瓦多右翼不愿和任何人分权。就是这样。

托戈夫　比起你以往的非虚构作品，这本书写起来会更困难吗？

狄迪恩　不，这本更容易。我一开始只是要写一篇文章，或者一系列文章，结果越写越长。它比我之前所有作品写起来都更容易，因为我很清晰地知道我的所见所想。我只是提笔写下来,不带任何雕饰和伎俩。

托戈夫　　越来越多的小说家开始以中美洲为背景进行创作。我想到的有你的小说《公祷书》、罗伯特·斯通的《黎明的旗帜》,还有保罗·索鲁的《蚊子海岸》。它吸引美国小说家的地方在哪里?

狄迪恩　　这个问题很有意思。我想起昨晚那个女人。(昨晚狄迪恩在纽约的海外新闻俱乐部做了一场关于萨尔瓦多的讲座。)一个去过萨尔瓦多的意大利记者提出了她对美国记者的一点观察。她用的词是"道德暧昧",她说美国记者似乎在从萨尔瓦多"获利"。我想,她要说的可能是美国人和中美洲的关系非常特殊。我们过去在中美洲做的事——其实算不上值得称道。对于我们来说,那是一个较为神秘的篇章。中美洲在某种意义上算是我们的边陲;很多美国人出于各种各样的原因都去过那里。这让我想起一部坏小说里非常经典的开场白:"我急匆匆地打中美洲过来……"

托戈夫　　在本地时你有没有觉得他们其实不喜欢外国白人?
狄迪恩　　完全没错:萨尔瓦多右翼根本就不喜欢我们。他们不想拿我们的钱,不喜欢我们对他们指手画脚。我不知道左翼对我们怎么想。要是左翼最终能获胜,我们现在基本上就是在确保届时的执政党会对我们充满敌意,因为我们过去对右翼的支持。尼加拉瓜就是这种情况。

托戈夫　　这是不是一个注定失败的局面:做与不做,我们都完蛋了?

狄迪恩　　没错。

托戈夫　　我想给你读一下《每日新闻》上《萨尔瓦多》书评的第一句话。我觉得你大概会觉得它很有趣,因为我知道很多人都认为你,怎么说呢,性情阴郁。书评人叫大卫·欣克利——和试图谋杀里根总统的那个欣克利似乎没关系——他写道:"琼·狄迪恩是那种耶稣复活了都能找点理由悲伤的作家……"

狄迪恩　　(笑)哦,天哪!唉,我烦透这种东西了——我真的特别讨厌别人说我很焦灼。我觉得我和普通人一样活泼开朗。我大笑,我微笑……但我会把看到的东西写下来。有人评论《萨尔瓦多》时说我之所以觉得萨尔瓦多的局势这么令人绝望,是因为我看任何事都感到绝望。我倒想问问他们会怎么看?他们以为那里究竟在发生什么?

有电脑之后，写作不再像在画画，更像在雕塑，
你有一大块材料，然后开始改变它的形状。

THE SALON INTERVIEW
沙龙采访

采访者
戴夫·艾格斯

沙龙网（*Salon*）
1996 年 10 月 28 日

《他最后的心愿》(*The Last Thing He Wanted*)是琼·狄迪恩暌违十二年来的小说新作。故事发生于1984年，围绕埃琳娜·麦克马洪，一个被卷入中美洲地下美军军火交易的美国记者展开。小说语言平实，情节紧凑，犀利智慧——延续了狄迪恩的一贯风格。

以下信息你或许已经知道，如果没有，它会便于你阅读这篇访谈：

- 狄迪恩与约翰·格列高利·邓恩结婚多年。她的"我们"包括了他。
- 尽管狄迪恩不再撰写《白色相册》和《向伯利恒跋涉》中那种个人性与社会性结合的随笔，她仍在为《纽约客》《纽约书评》等杂志撰写新闻报道和批评文章。
- 狄迪恩身形非常娇小。她举止高雅，亲和，温暖风趣。

艾格斯　　我读到你说过在写《他最后的心愿》时，你写到最后才知道故事会怎么结局。

狄迪恩　　对，没错。我想让情节非常非常紧凑，只有一条主线——你甚至看不见它，你只有在结尾处拉一下它，一切才会各归其位。这是我原本的打算。但你要是临到最后才开始规划，你会疯掉的。我最后发现得每天都编一点点才行。你只能打桌子上已有的牌，处理你说过的话。你经常会把自己搞进死胡同里，但只要强迫自己去应对，你就会找到方法。

比如说，刚开始写这本书时，我的第一个想法是写一个辞去大选报道工作的女人。我在1988年和1992年时报道过一些选举活动，我想营造一点它的氛围。接下来，我不知道，她要去迈阿密找她父亲。我不知道她去过哪些地方。我觉得她应该是洛杉矶人，结了婚，丈夫从事石油行业。这给了我一个全新开始。但这样一来，我就得写她是怎么从一个洛杉矶人变成一个政治记者的，不是吗？这其实很难，但也很好玩。

艾格斯　　有几章读起来感觉你在从头来过，比如你开始听见埃琳娜的梦。

狄迪恩　　对，我就只是坐在桌前，想着那天要写什么。另外，有时你就是觉得往回走一点是对的。不然故事就成了线性的，"然后她说，然后她做……"你自己写着都犯困。

艾格斯　　你的小说似乎变得越来越骨感，你的随笔却完全相反。

狄迪恩	它们变得越来越密。一篇文章里会发生很多事——你要努力把它想透。一般来说，思考问题或局势的过程比编造场景要复杂得多。小说几乎像音乐或诗歌——它们以简单的句子降临到我脑中，而自从我开始用电脑写作后，我的非虚构文章就变得越来越复杂。
艾格斯	你用什么电脑写？
狄迪恩	IBM 的 ThinkPad。我把它当打字机来用。我 1987 年刚开始用它时，以为自己再也没法写东西了，我得回归打字机。但你一旦用过电脑就没法再回到打字机了。我练习了大概一个月，最后终于做到打字时不被分心了。事实上电脑让我比以前更有逻辑，因为它很讲逻辑，它总是对的，我总是错的……它还为我节省了时间。

开始用电脑写作之前，写文章就像每天编一点东西，你有材料，但不太知道该拿它怎么办。有电脑之后，写作不再像在画画，更像在雕塑，你有一大块材料，然后开始改变它的形状。 |
艾格斯	你感觉它就在那里……
狄迪恩	它就在那里，有时你会发现——你这段话有些地方不对，于是你又回去修改。过程完全不同了。
艾格斯	你的书读起来感觉是个写得很慢的作者写的。慢工

	出细活那种。
狄迪恩	有几年时间，我好几次写了开头又放弃了。我写不下去。去年秋天，8月底到圣诞节之间突然空出一大块时间，于是我决定用这段时间把它写完。我重新开始，在圣诞节左右把它写完，这是我能写的最快速度了。而且很多东西都在笔记里，只需要把它们串起来。所以写的过程就是在引线。
艾格斯	书里有个人物叫鲍勃·韦尔。你是"感恩而死"[1]乐队的粉丝吗？
狄迪恩	（笑）不是，这名字是从那儿来的吗？我完全忘了。我不知道，我当时只觉得这个名字很对。
艾格斯	埃琳娜在某些方面和你其他小说的主人公很像，比如她面临着一个巨大的人生变动，它似乎是不可逆转的，但她决定顺势而下。这种模式对你来说意味着什么？
狄迪恩	我不知道，我不想去琢磨这个。每次写的时候，我都认为它是全新的。它在我脑中闪现！（笑）要是我记得的话，写作就不会那么难了，但它——我想所有小说都是梦，都是可能发生或者你害怕发生的

---

[1] Grateful Dead，于1965年成立于加州的美国摇滚乐队，风格多元，融合了摇滚、爵士、蓝调、雷鬼等。

事。写作就像你在梦里前进。所以某种程度上，同一批人物当然会反复出现在梦里。

艾格斯　　你有过和埃琳娜类似的经历吗——辞去总统竞选的报道工作，开始第二人生？

狄迪恩　　不算有。但你能看到这种可能性，它是你会害怕发生的事。它是你绝不想发生的事。我不想让它发生。我就以此为起点开始写作。

艾格斯　　我在其他地方读到，你自称是自由至上主义者。

狄迪恩　　我当时在解释我是什么样的共和党人。这也是为什么我一直觉得自己和共和党本身非常疏离，因为我的观点是自由至上。当然，它也不是那种寻常的自由至上主义观点。

艾格斯　　你不会投票？

狄迪恩　　（笑）不会……我认为它的魅力就在于它是完全自由的。它完全建立在个体权利之上，作为一个西部人，我曾对此完全认同。后来我意识到西部信仰有很多模棱两可的地方，它以为粗犷的个人主义是它的标志，然而这基本上是联邦政府发明的概念。所以我没有得出任何确切的结论。

艾格斯　　你关注大选吗？你怎么看克林顿？

狄迪恩　　嗯，他是天底下最走运的人了，不是吗？他看上去很幸运，而在很多文化里，人们很看重这点。运气有一种图腾式的力量，它能让你成为领袖。

艾格斯　　我读了你在《纽约书评》上发表的书评，写鲍勃·伍德沃德的《选择》。你好像很受不了他巨细无遗地描述自己的报道手法。

狄迪恩　　对。有的书的报道方式会让你在随意翻阅时，以为自己漏掉了什么东西，你不知道发生了什么，不知道它在讲什么，你觉得底下肯定还有什么东西。开始读《选择》时，我此前一直在关注大选，我对它是有所了解的，读的时候我心想，"这是什么情况？"没有什么信息是我们不知道的。哪怕如此，我还是会时不时打瞌睡，心想："我肯定漏掉了什么——肯定还有什么东西我没发现。"

艾格斯　　你和丈夫创作了电影剧本《因为你爱过我》（*Up Close and Personal*）。你对最终成果作何评价？

狄迪恩　　嗯，最终成果嘛——从一开始，它就是为了两位主演而打造的故事，它也做到了这点。

艾格斯　　你似乎对好莱坞的游戏不抱任何幻想。

狄迪恩　　要是你不知道怎么玩，你就不该参加。我一直觉得它很有趣。

艾格斯　　我刚读完《史努比》作者查尔斯·舒尔茨的一篇采访。他的身家已超过十亿美元，采访者问他对成功的定义是什么——问他是否觉得自己"成功"。舒尔茨的回答是："对，我现在走进任何一家书店，如果看到一本特别喜欢的书，我都能买下它。"我觉得这个回答非常动人。你觉得自己成功吗？

狄迪恩　　我从不觉得自己特别成功。我老觉得我做得还不够对，觉得我应该做得更好些。至于作品，我从不觉得我这么写是对的。我总想用别的方式来写，写得更好，这点我和查尔斯·舒尔茨不同。所以我也不知道。唯一让我感到成功的是舒尔茨在他的一则作品里用了我女儿金塔纳的名字。

我相信地理环境，相信主教祷文，相信某些象征，
而不是将它们的字面意义当作真相。我相信诗性真相。

WRITING A STORY AFTER AN ENDING

曲终人散后
写下故事

采访者
特里·格罗斯

《新鲜空气》广播（*Fresh Air*）
2005年10月13日

格罗斯 "人生变故来得很快。就在一瞬之间。你入座就餐，然后你熟悉的生活就结束了。"以上来自琼·狄迪恩最新回忆录《奇想之年》的开场白。这本书讲述了狄迪恩在同为作家的丈夫约翰·格列高利·邓恩离世后头一年的经历。2003年12月30日晚，邓恩和狄迪恩坐下用餐时，邓恩因心脏病发作而离世，享年七十一岁。他们刚从医院回来，他们的女儿因肺炎和败血性休克正陷入昏迷。狄迪恩的回忆录不仅记录了她的丧偶之恸，也描述了女儿治疗过程的起起落落。在书的结尾，狄迪恩以为女儿的病情有所好转，然而就在几周前的8月末，女儿因腹部感染离世，终年三十九岁。《纽约时报》书评家角谷美智子将这本回忆录称为一本锥心之作。狄迪恩的代表作包括《向伯利恒跋涉》《顺其自然》《公祷书》。下面有请狄迪恩为我们朗读《奇想之年》中的一段节选。在节选开头，狄迪恩和丈夫刚开始吃晚餐，而这成了他生前最后的时刻。

狄迪恩 （朗读节选）

> 我们坐了下来。我专心把沙拉拌匀。

约翰说着话，然后没了声音。

在他停下之前的几秒或一分钟里，他在某刻问我，我在他的第二杯酒里加的是不是单一麦芽的威士忌。我说不是，用的还是第一杯的那款。"那就好。"他说。"我不知道具体原因，但我觉得不能混着喝。"在那几秒或一分钟里的另一刻，他在讲为什么一战是开启了整个20世纪的关键事件。

我不记得他停下来时我们聊的是威士忌，还是一战。

我只记得抬起头看他。他左手举着，身体前倾，一动不动。起初我以为他在开什么蹩脚的玩笑，好让这难熬的一天好过些。

我记得我说，别这样。

他没回答，我的第一反应是他已经吃了起来，然后被噎到了。我记得我试图从椅子背后把他架起来，给他施救。他向前倒去，先撞到桌子，然后跌向地板，我还记得他的身体在我手中的重量。我在厨房电话边贴了一张卡片，上面记了纽约-长老会医院救护车的号码。我把它们贴在电话边，不是因为我预见到此刻，而是以备哪天楼里别人需要急救时用得上。

别人。

我拨打了其中一个号码。接线员问我患者

> 是否还在呼吸。我说，快来。

格罗斯　你听到的是琼·狄迪恩朗读新作回忆录《奇想之年》的选段。琼·狄迪恩，欢迎做客《新鲜空气》。首先，我想说……

狄迪恩　**谢谢。**

格罗斯　……你丈夫和女儿的事让我很难过。这本书写得非常动人，我很喜欢它，但又不愿读它，因为，你知道的，它不仅让我想到你的丧亲之痛，还让我想到，你知道的，我可能会经历的丧亲之痛，还有……

狄迪恩　你知道吗，写的时候我感觉……

格罗斯　嗯。

狄迪恩　……不是我在写它。它是一种完全自发的写作。这种经历和以往完全不同。它非常——我脑中所想的一切自然而然地涌出，落在纸上，而这正是我想做的，我想保留这种强烈的情感，因为我觉得——在读关于死亡和丧恸的资料时，我意识到没人告诉过我，它们会带来如此强烈的情绪。而我们每个人或早或晚都要经历它。

格罗斯　你觉得丧恸发生的同时进行记录有没有改变你丧恸的方式？

狄迪恩	嗯,写作是我处理所有事的方式。只有把它写下来我才能处理它,思考它,接受它。所以这对我来说是不可或缺的。我不知道别人是怎么做的。你或许得是一个写作的人才会选择这种处理方式。
格罗斯	拨打911后,他们大概花了五分钟抵达你家。你做了……?
狄迪恩	我不知道——我做了什么?
格罗斯	对。你在那五分钟里做了什么?
狄迪恩	我试图把他叫醒,把他抬起来。我试图——我不记得了。我是说,我一直——我不记得我做了什么。我什么也没做。我是说,也不是什么也没做——我记得我给楼下门房打电话,让他上来,但其实救护车几乎立刻就到了。
格罗斯	你让医院进行尸检,因为你想知道,比如他是什么时候离世的,是停止说话的时候,还是……
狄迪恩	对,我想知道他的死亡时间,想知道我是否本可以让他活下来。
格罗斯	是因为你感到愧疚吗,你觉得自己本可以采取行动把他救回来?
狄迪恩	我觉得任何人在家人去世时都会感到愧疚,因为我

们大多认为自己是无所不能的，我们本应能掌控几乎所有事，你知道的。当然，这是幻觉，但我们确实觉得我们应该能让所爱的人活下去。

格罗斯　尸检结果是否让你宽心了些？

狄迪恩　没错。尸检结果让我很意外。当我听说他是心脏病发作时，我以为是某种心律不齐，要么是瞬间发生的心室颤动，要么是心电失常。结果并非如此。他死于冠心病，没人——所有人都排除了这种可能，因为他1987年得过冠心病，当时已经治好了。一切指标正常。他每年都做检查，包括动脉造影，没有发现任何异常。毫无征兆。

格罗斯　这本书的书名是《奇想之年》，你在某一刻意识到自己产生了幻觉，真心以为他有可能回来，所以不愿扔掉他的鞋，因为要是他回来的话他得穿鞋……

狄迪恩　对。我以为要是我做了对的事，他就会回来。你知道的，这是一种形式——小孩的思维方式。很多丧偶或丧子的人告诉我他们也有过类似经历。

格罗斯　你是否在某刻意识到这种幻觉消失了？

狄迪恩　有一刻我意识到自己在想这些念头，后来我意识到它们渐渐消失了。现在我没有这些念头了。

格罗斯	你谈起不想处理丈夫的鞋,因为他要是回来的话还用得上。
狄迪恩	对。
格罗斯	处理遗物太难了。我是说,你得对逝者的一切所有物做决定:哪些保留?哪些送朋友?哪些捐给慈善组织?哪些丢掉?这个过程是不是很可怕?
狄迪恩	我还没开始。我什么东西都没动。当我意识到我没法处理掉鞋之后,我就把这扇门关上了。我既不用搬家或重新粉刷公寓,也不用做任何需要我收拾遗物的事。我想我大概以为现在来做这事该比头几个月要容易些,你知道的,因为现在我知道他已经死了,而当时我本能地拒绝接受这件事。不过我还是宁愿暂时不去开这扇门,等我不得不这么做了再说。
格罗斯	我们今天的嘉宾是琼·狄迪恩,她的新作是一本回忆录,记录了她丈夫去世后的第一年,书名叫《奇想之年》。她的丈夫是作家约翰·格列高利·邓恩。 你们谈论过死亡吗?你们有没有聊过自己去世后对方该怎么做,希望在世的那个人……
狄迪恩	对,他老想……
格罗斯	……做什么?

狄迪恩　　　他老想跟我聊这些，而我非常抵触，因为我觉得——现在我意识到这个话题让我感到某种危险，我很怕去想它。但我当时的想法是，这样做只是沉溺于不会发生或无法掌控的事情上——你知道的。所以——他给我各种各样的——他经常给我——因为他骨子里有爱尔兰人的阴郁性情——他经常谈起他的葬礼，给我各种名单，指定谁能发言，谁不能发言，名单经常更新，因为他的好恶很善变。结果到了关键时候，我就找不到那些名单了。当然，它的变动没那么频繁——所以有没有也没什么区别。

格罗斯　　　我想引一段《奇想之年》的文字，你写道：

> 婚姻是记忆，是时间……婚姻不仅是时间；奇怪的是，它也是对时间的否认。四十年来，我透过约翰的双眼看到我自己。我没有变老。今年是我自二十九岁那年以来，第一次透过他人的双眼看到我自己。这是我自二十九岁那年以来，第一次意识到，我对自己的印象比我的实际年龄年轻得多。

狄迪恩　　　嗯。

格罗斯　　　你们都是作家，在家写作，几乎所有时间都和对方在一起。你是否有对处于婚姻之外的自己的认知，作为"独立个体的琼·狄迪恩"，而不是"琼·狄迪恩和约翰·格列高利·邓恩"这个组合的一部分？

狄迪恩　　应该没有。我们的家就是我的单位，这是我——这其实是我想要的存在方式。所以，我——我需要找回自我——你明白吗，重新找回自我。我以前不太喜欢单身生活。

格罗斯　　你是说你更年轻的时候吗？

狄迪恩　　对。

格罗斯　　是不是一部分的你需要依靠他来实现——你明白我的意思吗？

狄迪恩　　我的一切。人们总说他会帮我补全我没说完的话。他的确会这么做，这也意味着我——我非常依赖他。他站在我和世界之间。他帮我接电话，帮我补全句子。他是我和外部世界之间的缓冲。

格罗斯　　现在这个缓冲消失了，你是如何与世界交流的？

狄迪恩　　嗯，和其他任何事一样：去学习。我记得刚戒烟那会儿，我不知道该怎么办，不知道怎么像成年人一样行走，因为我从十五岁起就抽烟，所以这就像重新学习一切——你会去学到新的——它不难。只是有点孤独——其实是件有点惨淡的事。

格罗斯　　你一个人待得惯吗？

狄迪恩　　嗯，我一直很习惯独处，所以这不是问题。基本上，对任何一个亲密婚姻里的人来说——他们意识到伴侣死去的瞬间，是当他们有事想告诉对方的时候。

格罗斯　　没错。我刚才读的那段里，你说到这是你第一次——自他去世后——意识到你对自己的印象比实际年龄年轻很多。

狄迪恩　　没错。

格罗斯　　我想我明白你的意思，但我还是想请你具体讲讲。

狄迪恩　　嗯，你知道的，我是说——某种程度是，在约翰眼里——当然，他并没有真的这么想，但他给我的感觉是，他眼里的我就是我们相遇或结婚时我的样子。基本上，我们似乎一直——我们一直在处理——我们二十九岁、三十岁、三十一岁时处理的那些问题和麻烦。我们还在做同样的事，为同样的事忧心。我们没变。所以我从没真正觉得我老了。

格罗斯　　你丈夫离世的五天前，你们的女儿因肺炎入院。他去世时，她已经进入败血性休克……

狄迪恩　　对。

格罗斯 ……也就是血液感染。
狄迪恩 对。

格罗斯 所以你正在面对——你丈夫去世时,你们刚从医院探望她回来。
狄迪恩 嗯,我们刚去医院看她,对。其实都谈不上探望,因为她没有意识。

格罗斯 她当时处于昏迷状态。
狄迪恩 医生对她实施了人工昏迷,因为他们要给她安呼吸机。他们给她注射了大剂量镇静剂,免得她把呼吸机扯掉。一般人发现喉咙里有东西插入时都会有这种反应。

格罗斯 而当她从昏迷中醒来时,你得想好怎么告诉她。
狄迪恩 对。

格罗斯 你得想好怎么把她父亲离世的消息告诉她。你为什么会想跟她提起呢,她还处在这么……
狄迪恩 嗯,当时她正要……

格罗斯 ……脆弱的状态?对。
狄迪恩 对,我其实不想告诉她。我一点都不想提这件事,但她看到我的那一刻,我就知道她会问她父亲在哪里。所以我本来不打算去探望她。停掉镇静剂后，医生说她会有好几天时而清醒时而昏迷。这时让她丈夫在她身边，我认为会更好。她会意识到他在那儿，她应该就能入睡，专心去想他，还有他们今后一起的生活——他们当时才结婚五个月。或许她就不会立刻想知道她父亲在哪里。但如果她看见我，她问的第一个问题就会是："爸爸在哪儿？"

所以我本来不打算在她面前出现。我本来打算暂时躲开——我当时在医院，他们停掉镇静剂让她苏醒过来时，我在走廊里。不幸的是，护士告诉她我就在外面，所以她想见我。我进了病房，然后告诉了她实情，因为她的第一个问题就是："爸爸去哪儿了？"我回答之后，她还没有完全恢复清醒——镇静剂的效果要好几天后才会完全消退——我当晚再去看她时她已经不记得了。

格罗斯　　所以你得再跟她讲一遍。

狄迪恩　　我得再讲一遍，因为她问他在哪儿。我跟她解释，问她，"你记得我今天跟你说的话吗？"我强调他有心脏病史，她跟我说——我问她："你记得今早我告诉你，他心脏病发作了吗？"——她说："对，但他现在怎么样了？"她记住了这件事，但不记得事件的结果。

格罗斯　　你女儿后来出院了。她的病情有过几次严重的反复，但在回忆录的结尾，你以为她快要恢复正常生活了。今年8月，你写完回忆录时，你女儿去世了，此时距离你丈夫离世过去了一年半。她去世时三十九岁。

狄迪恩　　对。对。

格罗斯　　你刚才以如此彻底的方式剖析了丈夫离世带给你的丧恸，现在你要再次经历丧亲之痛。你丈夫去世时，你产生了一种幻觉，以为他会以某种方式回来，甚至认为不该扔掉他的衣物，因为他回来后还会用到它们。对丧恸进行如此细致的研究之后，人在丧亲时用来安慰自己的那些招数，对你来说是不是已经没用了，因为你通过写这本回忆录已经把它们给看穿了？

狄迪恩　　嗯，你知道吗，我还没开始感到丧恸。

格罗斯　　为你女儿吗？

狄迪恩　　对。我觉得我还处在震惊之中。约翰去世后，我曾经——我过了很久才开始为他丧恸，因为当时我完全专注于如何让金塔纳恢复健康。我觉得——某种意义上，这对我是件好事，因为当我有余力来应对它时，我就不会像个疯子一样，而我要是在他刚去世后就开始丧恸，我的举止会非常疯狂。

格罗斯	你要面对的是一个非常特殊的经历，那就是丧子之痛。你要去弄明白——你需要修改你的书稿吗？你当时刚刚交稿。你女儿……
狄迪恩	我从没想过。
格罗斯	你从没想过改它？
狄迪恩	从没想过。不，那本书已经完成了。
格罗斯	为什么不想改它呢？
狄迪恩	嗯，那本书是关于约翰去世后的一段特定时间，而那段时间已经过去了。我是说，如果我要写金塔纳——我现在还没有这个想法——那会是完全不同的一本书。它会很不一样，它是一个独立的作品。它不是关于婚姻的。而这本书的主题是婚姻。
格罗斯	死亡和其他悲剧往往会试炼人们的信仰，或让他们更加笃信，或让他们明白自己没有信仰，或让他们的观点发生彻底改变。我不知道你是否有过宗教信仰，以及你女儿和丈夫的离世是否改变了它。
狄迪恩	不，我女儿和丈夫的离世并没有对我的信仰造成影响。我是否有信仰——我有信仰，但它和常规意义上的宗教信仰不同。我在这本书的某个地方写过，基本上，我相信地理环境，相信主教祷文，相信某些象征，而不是将它们的字面意义当作真相。我相

信诗性真相。

格罗斯　你有过——死亡对你来说意味着什么？我是说，当你想到死亡，你是否认为存在往生，还是它只是，你知道的，一种虚空，或者灵魂，或者……

狄迪恩　不，我不相信往生。死亡对我来说意味着什么？死亡就是尘归尘，土归土。对。生与死之间是延续的，但它——我不相信——我记得曾经有人跟我说——我当时在写一篇关于俄勒冈的文章，那人是我所住的汽车旅馆的经理——他刚参加完一场葬礼，他说那是他去过的最压抑的葬礼。"我从没参加过这冰冷无情的葬礼。是主教葬礼。你去过那种葬礼吗？"我说："去过。"他说："他们太冷酷了。"我说："怎么说？"他说："要是你不相信你的肉身能去天堂，在那里和你的家人直呼其名，那死还有什么意义呢？"我特别喜欢这句话。它——它和我所知道的任何教派都完全不同，你明白吗？他问的这个问题：死还有什么意义？对啊，究竟有什么意义？它——它带有一种疯狂的意味。我反正没有他这种信仰。

格罗斯　你是否希望自己有呢？你是否会嫉妒他这样的信教者，他们相信自己死后能在天堂与亲人重逢……

狄迪恩　而且还……（含糊不清）

格罗斯	……保留肉身，穿着自己的衣服。
狄迪恩	对，没错。我想，有这种信仰一定能带来不少慰藉，但我——我绝不可能相信它。

格罗斯	失去女儿和丈夫后，你现在是否会强烈地感到生命的脆弱？
狄迪恩	嗯，约翰去世后我的确有这种感受。对，我现在更小心了。我有个朋友今天要动一个小手术，我非常焦虑。我发现我比从前焦虑得多。

格罗斯	你现在是否会或多或少地担心自己的死亡？
狄迪恩	不，我不担心自己的死亡。我想我担心得更少了。

格罗斯	为什么？
狄迪恩	我们担心自己会死是因为害怕抛下我们的亲人，担心他们没法好好照顾自己，我们得照顾他们。但现在你看，我不会抛下任何人。我想，我们还是不要再谈这个话题了。

格罗斯	没问题，没问题。你想休息一分钟再接着聊吗？
狄迪恩	对。

格罗斯	好的。

你现在收听的是我和琼·狄迪恩昨天录制的采访。休息间隙，我的制片人告诉我，国家图书奖公布了今年的提名名单。然后我们继续录制节目。

你刚才在整理思绪的时候，我的制片人进来跟我说——我不知道你是不是已经知道了，但我们刚刚收到消息——你的回忆录获得了国家图书奖提名。

狄迪恩　　真的吗？

格罗斯　　对。
狄迪恩　　哦，好的，很好。

格罗斯　　我猜我有幸第一个向你致以祝贺。
狄迪恩　　嗯，谢谢你。谢谢。

格罗斯　　对于此刻的你来说肯定感觉有点奇怪……
狄迪恩　　对。

格罗斯　　据我所知，这本书卖得非常好。它获得了国家图书奖提名。然而它却是关于你最可怕的人生遭遇。
狄迪恩　　对。的确有点五味杂陈。但另一方面，约翰会很高兴的。

格罗斯　　哦，是的。

狄迪恩　　我想他会非常满意的。

格罗斯　　别的不说,我想很多也经历过丧亲之痛的人都会读你的书。你读过哪些对你有帮助的书?你知道吗,我很惊讶你在书里提到了艾米莉·珀斯特[1]。

狄迪恩　　艾米莉……

格罗斯　　你去读那些——你说。

狄迪恩　　艾米莉·珀斯特写死亡,以及如何面对正在经历丧亲之痛的人,写得非常好。她的东西非常实用。她会关照他们的生理反应。他们很冷——他们会觉得很冷。他们会需要——他们没法消化食物。一切都会停下来。当你经历这种伤痛时,你身体的一切都会停下来。而她会提供建议,教他们如何将身体唤醒。坐在炉火边。让屋里充满阳光。吃少量的烤吐司——或者他们喜欢的食物,但不要吃太多,他们会拒绝,但你可以——他们参加完葬礼后,如果你给他们递上食物,他们会接受,但如果你们问他们吃不吃,他们会拒绝。

其实我有——克瑙夫出版社收到艾米莉后人写的一封信,她是一名编辑,编的是食谱书或是礼仪指导。她在信里指出,艾米莉那本书的 1922 年初版,

---

[1] Emily Post,美国作家、小说家、社交名流,以教授礼仪的作品而闻名。

也就是我当时读的那版，是艾米莉·珀斯特在儿子去世后不久写成的。那段时期几乎人人都有至亲死去。当时是1918年大流感瘟疫之后，人们死于感染，家家户户都被死亡笼罩。当时的人们比我们更熟知死亡。现在死亡在医院发生，我们习惯把它归为医生的领域，而当时，任何人——任何人都有认识的人在经历丧亲之痛。

格罗斯　在结束我们的对话之前，我有个问题想问你。采访你让我有些局促，因为这本回忆录写得这么好，而你又刚经历了丧亲之痛，我不知道该如何和你谈论你的遭遇。我想，对你来说，和不认识的人讲述，比如我和我们的听众，应该也很不自然。但同时，你长期以来不仅是一名作家，也是一名记者，不是那种常规意义上的记者，而是那种更诗性的记者，你会观察身边的世界，为我们报道它，我想这或许对你来说也是一种慰藉。你是否觉得你此刻正在做这件事？

狄迪恩　嗯，我觉得——我在写这本书时，的确清晰地感到我在做某种报道，我不是说一般意义上的报道、阅读资料，尽管我的确读了一些资料——我读了丧恸的资料，读了心理学家的那些——但我说的报道是另一种意义，是在一个不是人人都经历过的状态里报道——当然，的确有人经历过，但他们并没有发回报道。我想，或许去记录、去发回报道、去归档，总是有点用的。

格罗斯　琼·狄迪恩，我很庆幸你选择写这本书，也非常感谢你和我们对话。

狄迪恩　谢谢你。

写非虚构像刻雕塑，你把调研成果雕成成品。
写小说像画画，尤其像水彩。你画了一笔就是一笔。

THE ART OF NONFICTION NO.1
非虚构的艺术 No.1

采访者
希尔顿·阿尔斯

《巴黎评论》(*The Paris Review*)
2006 年春季刊

本刊上次采访琼·狄迪恩是在1977年8月，她那会儿住在加州，刚出版了第三本小说《公祷书》。当时狄迪恩四十二岁，已凭借她的小说和她为众多杂志撰写的评论、报道和随笔成名，其中一些文章收录于文集《向伯利恒跋涉》（1968年）。除此之外，狄迪恩和丈夫约翰·格列高利·邓恩（他于1966年接受过《巴黎评论》的采访）还一起创作了许多电影剧本，包括《毒海鸳鸯》（*The Panic in Needle Park*）（1971年）、她第二本小说的改编剧本《顺其自然》（1972年）、《一个明星的诞生》（1976年）。首篇采访于1978年发表，彼时狄迪恩致力于施展小说和非虚构创作的才华。自那以来，伴随一部又一部作品，她创作的题材愈发丰富，技法也日臻精湛。

琼·狄迪恩出生于萨克拉门托，双亲都是土生土长的加州人。她在伯克利大学获得英语学位，毕业后于1956年在 *Vogue* 杂志赞助的散文比赛中胜出，于是搬到纽约，成为杂志社的一名编辑。就职 *Vogue* 期间，她撰写时装文案和书影评文章。她也常为《国家评论》等杂志撰稿。1963年，狄迪恩出版了首部小说《奔涌吧，河流》（*Run, River*）。次年，她与邓恩结婚，不久后迁居洛杉矶。1965年，他们领养了金塔纳·罗奥，二人唯一的女儿。

1973年，狄迪恩开始为《纽约书评》撰稿。时至今日，她仍定期向该杂志供稿。近数十年里，尽管她仍在创作小说，并出版了《民主》(1994年)和《他最后的心愿》(1996年)，她越来越多地涉猎不同形式的非虚构写作，如批评、政治报道、回忆录。1979年，她出版了第二本杂志作品选集《白色相册》，后又出版《萨尔瓦多》(1983年)、《迈阿密》(1987年)、《悼亨利》(1992年)、《政治虚构》(2001年)和《我的来处》(2003年)。2005年，狄迪恩获得美国艺术暨文学学会颁发的金质奖章。

2003年12月，狄迪恩的丈夫在二人结婚四十周年纪念日前不久去世。去年秋天，她出版了《奇想之年》，一本关于丧恸和回忆的作品。这本书成为畅销作品，并获选美国国家图书奖年度非虚构作品。狄迪恩正在将这本书改编为独白剧。《奇想之年》出版的两个月前，狄迪恩三十九岁的女儿死于一场绵延日久的疾病。

我和狄迪恩在她与丈夫居住的曼哈顿公寓聊了两个下午。公寓很宽敞，墙上挂着许多照片，上面是狄迪恩、邓恩和他们的女儿。日光倾注在堆满书的客厅里。"我们买下这里时，以为阳光能穿透整间公寓。结果不能。"狄迪恩笑着说。她的回答言简意赅，常以笑声结尾。

阿尔斯　　迄今为止，你出版的非虚构作品和你的小说至少一样多了。你觉得创作这两种体裁有什么区别？

狄迪恩　　对我来说，写小说很劳神，它是日复一日的心惊胆战，起码写前半段时是这样，有时从头到尾都是。它和写非虚构完全不同。你每天都得坐下来编故事。你没有笔记——有时候有，我在写《公祷书》时记了大量笔记——但笔记只能提供背景，不是小说本身。写非虚构时，笔记就是你的作品。写非虚构像刻雕塑，你把调研成果雕成成品。写小说像画画，尤其像水彩。你画了一笔就是一笔。当然，你可以重来，但最初的笔触仍会保留在作品的肌理中。

阿尔斯　你经常重写吗？

狄迪恩　我写书时经常会把写下的句子重敲一遍。我每天都会回到第一页，重敲一遍写下的东西。这么做会把我带入它的节奏里。等我写到大概一百页，我就没法再回到第一页了，我可能会回到第五十五页，甚至第二十页。但我时不时会感到有必要回到第一页，从头来过。每天收工时，我会标记我写的页数——几页或者一页——一路标回第一页。这样一来第二天早上我就可以把它们重敲一遍。这么做能帮助我克服对白纸的恐惧。

阿尔斯　写《奇想之年》时也这样重敲过吗？

狄迪恩　对。这个过程对这本书来说尤其重要，因为它的很大一部分都依赖回声。我写它用了三个月，但我每晚都会标记页数。

阿尔斯	这本书的行文非常迅速。你想过读者会怎么读它吗?
狄迪恩	当然,你永远都要想读者会怎么读它。我一向希望读者能一口气读完我的书。
阿尔斯	你是在什么时候意识到,你在约翰死后记的笔记最后会以一本书的形式出版?
狄迪恩	约翰死的那天是2003年12月30日。我在第二天前后写了几行字,但要等到第二年10月,我才开始写最终成书的那些笔记。写了几天后,我发现我在思考书的结构是怎样的,我这才意识到我在写一本书。意识到这一点并没有改变我写的内容。
阿尔斯	你有没有舍不得完成这本书?还是说你其实希望能恢复正常生活,不用再那么高强度地审视自我?
狄迪恩	对,我舍不得写完这本书。我不想让约翰走。我其实也还没有恢复正常生活,因为金塔纳8月26日才去世。
阿尔斯	你写自己的事,所以采访者都喜欢问你的个人生活,但我想问的是你的写作和作品。你曾经撰文写过 V. S. 奈保尔、格雷厄姆·格林、诺曼·梅勒、海明威——这些都是非常伟岸、极富争议的权威挑战者,你通常会为他们辩护。他们是否是你从小阅读并试图效仿的对象?

狄迪恩　　我很早就开始读海明威。我大概十一二岁起就开始读他。他排列句子的方式对我有一种吸引力。它们那么简单——或者说看起来那么简单，其实并非如此。

我前几天在查一个东西，它一直在我脑海里——几年前有一项研究，研究年轻女性的写作技巧和阿尔兹海默症之间的关联。巧的是，研究对象都是修女，这些女性都曾在某个修道院受过训练。研究者发现，写简单句子的年轻女性老了之后更容易患阿尔兹海默，而写很多从句的复杂句子的人患病比例更低。结论就是——我觉得它应该是错的——年轻时写简单句子的女性记性不好。

阿尔斯　　不过你不会把海明威的句子归为简单的。
狄迪恩　　对。它们看起来简单，但他总会带入变化。

阿尔斯　　你当时觉得你可以写出那种句子吗？你想要尝试吗？
狄迪恩　　我不认为我能写，但我觉得我可以学——因为它们感觉非常自然。把它们敲出来后，我能看出它们是怎么发挥作用的。我那时大概十五岁。我会把这些故事敲出来，这样可以把节奏刻在你的脑海里。

阿尔斯　　在海明威之前你读过其他作家吗？

狄迪恩　　没人像他那样吸引我。我当时读了很多戏剧。我错以为我想演戏。这种错觉没有让我去演戏,而是去读戏剧。萨克拉门托没什么地方演戏剧。我看过的第一部戏是伦特夫妇[1]出演的音乐剧巡演《哦,我的情人》。我不是因为看了它而想演戏。戏剧公会以前会在电台上演广播剧,我记得我当时会很兴奋地收听。我记得战后那会儿我会背诵《推销员之死》和《婚礼的成员》里的台词。

阿尔斯　　你读了哪些戏剧家的作品?

狄迪恩　　我记得我有一阵读了尤金·奥尼尔的所有作品。我被他作品里的那种纯粹的戏剧性所震撼。你能看到它们是如何起效的。我在某个夏天把他的作品读完了。我当时在流鼻血——也不知道为什么,我等了整整一个夏天才排上号去接受烧灼疗法[2]。于是我就成天一动不动躺在阳台上读尤金·奥尼尔。其他什么也不干,除了拿冰块敷脸。

阿尔斯　　这些作品吸引你的地方似乎是风格——声音和形式。

狄迪恩　　对,不过我上高中时读了西奥多·德莱赛,彻底被

1　The Lunts,由阿尔弗雷德·伦特和林恩·丰坦组成,活跃于 20 世纪中叶,是美国戏剧史上最著名的表演组合。
2　用电流、硝酸银或激光烧灼和封闭的一种疗法。

他折服。我用一个周末读完了《美国悲剧》，手不释卷——把自己锁在房间里。它和我当时读的其他任何书都截然不同，因为德莱塞其实没有风格，但这本书非常有力量。

我第一次读《白鲸》时，完全没有领略到它的好。后来金塔纳上高中时学校要求读它，我就重读了一遍。我们吃晚饭时会聊一点书的内容，否则她根本读不下去。我在她那个年纪时完全读不懂《白鲸》。我完全没看出梅尔维尔在语言上奇绝的掌控力。我当时觉得不着边际的部分其实是巨大的行文跳跃。我当时觉得它毫无章法；我没看出作者的掌控。

阿尔斯　　高中毕业之后，你想去斯坦福。为什么？
狄迪恩　　很简单——我的朋友们都要去读斯坦福。

阿尔斯　　但你去了伯克利学文学。你在那儿读了哪些作家？
狄迪恩　　我当时下最多功夫的是亨利·詹姆斯和 D. H. 劳伦斯，我不喜欢劳伦斯。他几乎在每个层面都让我光火。

阿尔斯　　他对女人一无所知。
狄迪恩　　没错。而且他的写作很黏腻，多愁善感。无论从哪个方面我都不喜欢。

阿尔斯　　你觉得他写得太快了吗?

狄迪恩　　我不知道。我觉得他的思维方式很黏腻,很多愁善感。

阿尔斯　　你提到读《白鲸》。你会经常重读吗?

狄迪恩　　我经常重读《胜利》,这大概是我在世上最喜欢的书。

阿尔斯　　康拉德的《胜利》? 真的吗? 为什么?

狄迪恩　　故事经过了两重转述。它甚至不是叙述者从亲历者那里听来的。叙述者似乎是从他在马六甲海峡偶遇的人那里听来的。所以叙述里有这种近乎神话的距离,当你沉浸其中之后,它变得非常有亲历感。这种技法非常高超。除了我的第一本书(我当时是为了写小说而写小说),我在写任何一本小说之前都会重读《胜利》。它打开了小说的可能性。它让我觉得写小说是值得的。出于同样的原因,约翰和我在开始写电影剧本之前都会看《第三人》。它的叙述手法无可挑剔。

阿尔斯　　康拉德也对奈保尔的影响很大,你很喜欢奈保尔的作品。后者的什么地方吸引了你?

狄迪恩　　我先读了他的非虚构作品。但真正吸引我的是他的小说《游击队员》,我现在还时不时会读它的开头。开篇对铝土矿工厂的描写，给了你那片世界的全部感受。那本书对我来说非常刺激。对我而言，读他的非虚构作品很像读伊丽莎白·哈德威克的作品——你会觉得关注生活中的事物并将它们写下来是可以的，是值得的。我们过日子时注意到的那些看似无足轻重的东西其实很重要，很有意义，能给我们启示。动笔之前读奈保尔是很不错的。埃德蒙·威尔逊为《美国地震》写的随笔也是。它们都有那种日常旅行游记的特点，这和一个富有权威的语调恰好相反。

阿尔斯　你是在伯克利求学期间开始觉得自己可以写作的吗？

狄迪恩　不，在伯克利时我几乎觉得自己不可能成为作家，因为我们经常会意识到有人已经写了，并且写得比你更好。这对我来说很吓人。我觉得我没法写作。伯克利毕业好几年后我才有勇气开始写。那种学术的思维方式——我本来就不太学术——才开始褪去。我花了很长时间写了一本小说，《奔跑吧，河流》。然后我意识到我似乎可以再写一本。

阿尔斯　你那会儿已经来了纽约，在 *Vogue* 工作，晚上写作。对你来说，写那本小说是不是为了回到加州？

狄迪恩　对，的确是为了缓解乡愁。但我的第二本书写得很艰难。我只有一些笔记，没法继续往下写。那本书就是《顺其自然》，但当时不叫这个名字——它当时没有标题，而且和最后的成书也不一样。首先，它发生在纽约。其次，1964年6月，约翰和我去了加州，我开始给《星期六晚邮报》写稿。我们都没工作，很需要钱。写稿的过程中，我常常要出门，于是这本所谓的第二本小说里的故事就出现了，我就写了起来。

阿尔斯　缺失的是加州的什么？什么是你在纽约找不到的？

狄迪恩　河水。我当时住在曼哈顿东边，周末时会走到哈德逊河，然后又走回东河。我一直在想："好吧，它们也是河，但和加州的河不一样。"我真的很想念加州的河。还有西沉的太阳。这是哥大-长老会医院的好处之一——你能看到日落。在东岸时，我总觉得临近黄昏时分还缺了点什么。在西岸，临近黄昏时分，总会有光芒万丈的晚霞。这里的天就只是变暗。

我还很想念地平线。我在西岸时如果不是住在沙滩上，也没法看见地平线，但我在某天意识到，我买的所有画或印刷画上都有地平线。因为它让我觉得很舒服。

阿尔斯　是什么让你在1988年决定回到东边？

| 狄迪恩 | 一部分是因为金塔纳在巴纳德学院读书,还因为约翰手头无书可写,他一直没法开始写新东西。他觉得在一个地方住太久有点缺乏新鲜感。我们在布伦特伍德已经住了十年,这是我们待过最久的地方。他觉得是时候搬家了。我没有这么强烈的感觉,但我们还是走了。搬来纽约之前,我们在纽约就有一间小公寓。为了证明它有用,约翰觉得我们必须在里面住上一段时间,这其实对我来说非常不便。纽约那间公寓不是很舒服,你一进门就得擦窗户,买吃的……在卡莱尔酒店住着其实更便宜。 |

| 阿尔斯 | 但你最后还是搬了过来,你觉得这是个错误的决定吗? |
| 狄迪恩 | 还好。我大概花了一年时间来做这件事,总共加起来可能有两年。花时间找公寓,把加州的房子卖掉,搬过来,写东西,回忆我把东西从行李箱里拿出来之后都放哪儿了——这大概从我的实际工作时间里拿走了两年。不过我觉得约翰去世后住在这里比较合适。他去世我不会想一个人待在布伦特伍德公园那栋房子里。 |

| 阿尔斯 | 为什么不呢? |
| 狄迪恩 | 完全出于实际原因。在纽约我不需要开车去吃晚饭。丛林大火发生的可能性很低。我不会在泳池里 |

看到蛇。

阿尔斯　　你说过你开始为《星期六晚邮报》写作的原因是你和约翰当时很穷。是因为这个你们才想到做编剧吗——因为你们需要钱？

狄迪恩　　没错。我们搬去洛杉矶的原因之一是我们异想天开地觉得自己可以写电视剧。我们和电视台高管开了很多会，他们会跟我们解释，好比说，《伯南扎》(Bonanza)原则。《伯南扎》原则是：让某人在庞德罗萨断条腿。我茫然地看着那个主管，他说："有人骑马进了城，要想有事发生，他得断条腿，才会在此地停留两周。"我们从没按《伯南扎》原则写过什么东西。不过我们有个故事被克莱斯勒剧场看中了。他们付了我们一千美元。

这就是我们开始写电影剧本的原因。我们把它看作为自己购买写作时间的方式。但没人找我们写电影。约翰和他的兄弟尼克还有我一起买下了《毒海鸳鸯》(The Panic in Needle Park)的版权，然后把它改成了剧本。我读过詹姆斯·密尔(James Mills)的同名作品，我读完就觉得它很适合改编成电影。我记得我们三个各出了一千美元，这在当时是笔大数目。

阿尔斯　　你们是怎么合作的？有什么机制吗？

狄迪恩　　写那个剧本时，我记得我写了剧本论述，也就是叙述声音。不过无论我说我做了什么，另外那个人都会审一遍，用打字机过一遍，他写了什么东西我也会这样。就这样来来回回。

阿尔斯　　你从剧本写作中学到什么了吗？
狄迪恩　　没错。我学到了很多虚构技法。写剧本之前，我从来没法写有很多人说话的大场面群戏——比如十二个人坐在餐桌边各怀目的地说话。我一直觉得能写这个的人很厉害，比如安东尼·鲍威尔。我想我第一次写这种群戏是在《公祷书》里。

阿尔斯　　但剧本和文字叙事还是很不一样的。
狄迪恩　　它不是写作。你是在为导演写笔记——主要是为导演而不是演员。悉尼·波拉克有次跟我们说，每个编剧都应该去演员工作室[1]，因为这是了解演员需求的最好方式。很抱歉，我没有想太多演员的需求。我想的是导演的需求。

阿尔斯　　约翰写过罗伯特·德尼罗让你为《真正的忏悔》写一出戏，里面要没有一句对话——这和你改编《毒海鸳鸯》的手法完全相反。

---

[1] Actors Studio，位于纽约市曼哈顿的面向演员、导演和编剧的培训组织。

狄迪恩　对，这很好。这一点每个作者都懂，但你要是给制片人交一出那样的戏，他会问你字都跑哪儿去了。

阿尔斯　你写作谱系的另一端，是《纽约书评》和你的编辑罗伯特·西尔弗斯（Robert Silvers）。1970年代，你为他写了关于好莱坞、伍迪·艾伦、奈保尔和帕蒂·赫斯特的文章。这些随笔大体来说都是书评。你是怎么开始为《书评》写纯粹的报道的？

狄迪恩　1982年，约翰和我要去萨尔瓦多，罗伯特想让我们两个或其中一个写点东西。到那儿几天后，我们意识到写稿的将是我而不是约翰，因为他正在写小说。等我开始写之后，报道变得很长。我把全稿交给罗伯特，以为他会从里面找点东西出来发表。他有很长时间都没有回音，所以我没抱什么期待。然后他打来电话，说他要把它分成三个部分全文发表。

阿尔斯　这么说他找出了那篇报道的主线？

狄迪恩　《萨尔瓦多》的主线是很清晰的：我去了某个地方，看到了这些事情。很简单，就像旅行写作。罗伯特编辑《萨尔瓦多》的方式就是不断督促我报道最新局势，指出薄弱的部分。比方说，我给他的稿子结尾很弱，就是写我们在回程路上遇到一个美国的福音派学生。换句话说，这是旅行写作的逻辑，但结论没什么意思。罗伯特把我从这里带走的方式是建议我把它砍掉（我保留了它），然后回到政治局势，从而给它一个根基。

阿尔斯　你在1987年时是怎么决定写迈阿密的？

狄迪恩　自肯尼迪遇刺以来，我一直想写点在那个世界发生的事。我觉得美国的很多新闻——尤其当你去读刺杀的庭审记录——都来自我们和加勒比以及中南美洲的政治关系，这点非常有意思。所以当我们买下纽约那间小公寓后，我心想："好吧，住纽约有这点好：我可以飞去迈阿密。"

阿尔斯　你之前在南边待过吗？

狄迪恩　待过，1970年。我当时在为《生活》杂志写专栏，但他们和我都不太高兴。我们不在一个频率上。我们签了一个合约，所以只要我交了稿，他们就得付我钱。但交的稿发不出来让人非常煎熬。写了大概七篇专栏之后，我就辞职了。他们同意我写更长的东西。我说我想开车去墨西哥湾沿岸转转，不知怎的这个想法就演变成了书写"南方白人的心灵世界"。我的想法是，要是我能理解美国南方，我就能理解加州，因为很多加州定居者都来自美墨交界地带。所以我想深入看看。后来我才发现，我对南方感兴趣，是因为它是通往加勒比的入口。当时我就该知道这点的,因为我本来的计划是开车横穿墨西哥湾沿岸。

我们从新奥尔良出发,在那里待了一周。新奥尔良棒极了。然后我们在密西西比沿岸开车,那也很不错,但新奥尔良有种强烈的加勒比的感觉。我在《公祷书》里用了很多我在新奥尔良那周的经历。那是很久以来我去过的最有趣的地方。那一周里每个人跟我说的每件事都让我震惊。

阿尔斯　三年后,你开始为《纽约书评》撰稿。你当时会胆怯吗?在你的随笔《我为什么写作》里你表达了对智识的——或看起来很智识的——话题的惶恐。是什么让你摆脱了这种心态为罗伯特撰稿?

狄迪恩　他对我的信任。仅此而已。我甚至不敢想象要是他没回复我该怎么办。他知道这对我来说是一个学习的过程。比如说,我对美国政治一无所知,而且也不感兴趣。但罗伯特不断把我往那个方向推。他非常善于弄明白什么东西在某一刻会让你感兴趣,然后丢给你一堆和它可能有关也可能无关的选题,让你去写。

1988年,我去报道政党代表大会时——那是我第一次去——他会给酒店发《纽约时报》和《华盛顿邮报》首页的传真。你知道的,在会场上你最不缺的就是报纸。但他想确保你能读到。

交稿后，他会非常细致，让你把所有相关信息都放进去，这样才能面面俱到，站得住脚，才能应对读者来信。比如说，他会花很多时间确保我在写特丽·夏沃[1]的那篇文章里涵盖了所有问题，因为那篇文章有可能激起强烈反响。他是我最信任的人。

阿尔斯　你觉得他为什么会逼你去写政治？
狄迪恩　我想他觉得我算是局外人。

阿尔斯　你不会利用线人来写报道——你谁都不认识。
狄迪恩　我甚至不知道他们的名字！

阿尔斯　但是你的政治写作的观点非常鲜明——你会选择你的立场。你的观点一般是在报道的过程中形成的，还是在写作的过程中？
狄迪恩　如果我对某个政治局势感兴趣到要去写它的话，我一般是有观点的，尽管我不是总能意识到它。一般来说我会对局势的某一方面耿耿于怀，于是我就去写一篇报道来探究是什么让我介怀。

---

[1] Terri Schiavo，美国佛罗里达州的一名女性。1990年，夏沃在家中晕倒，因心脏骤停脑部缺氧，成为永久植物人。她丈夫希望移除夏沃的生命维持系统，而她父母反对，在常年拉锯后，法院判决结束夏沃的生命。

阿尔斯　　转向政治写作的同时，你也离开了你一直以来进行的更为个人的写作。这是有意为之的转型吗？

狄迪恩　　对，我感到厌倦了。其一，这种写作是有局限的。其二，我从读者那里会收到很强烈的反应，这让我很压抑，因为我没法向他们予以帮助。我不想成为寂寞芳心小姐。

阿尔斯　　写萨尔瓦多是你第一次用政治来驱动叙事。

狄迪恩　　第一次这么做是写《公祷书》。我们当时去卡塔赫纳参加电影节，我生病了，某种沙门氏菌。我们离开卡塔赫纳，去了波哥大，然后回到洛杉矶，我生了大概四个月的病。我开始大量阅读南美的书，这对我是前所未有的。克里斯托弗·伊舍伍德在《安地斯神鹫和奶牛》(*The Condor and the Cows*)里写他抵达委内瑞拉后，震惊地意识到这个地方自他出生以来一直都存在。这就是我对南美洲的感受。后来我开始读很多关于中美洲的书，因为我意识到我的小说需要发生在一个比较小的国家。从那时起我开始从政治的角度思考问题。

阿尔斯　　但它并没有将你推向美国政治。

狄迪恩　　我没有找到二者的关联。我不知道我为什么没找到，因为我感兴趣的其实不是对这些国家的政治本身，而是美国的外交政策对它们施加了怎样的影响。而我们究竟有多介入完全取决于我们的国内政治。所以我不知道我当时为什么没意识到这一点。我在写《萨尔瓦多》时开始意识到了，但彻底意识到要等到写《迈阿密》时。我们对古巴及流亡者的政策完全由国内政治驱动。今天依然如此。但当时我很难理解国内政治的流程。我有一个大致概念，但人们说的话我几乎都听不懂。

阿尔斯　你是什么时候开始能听懂的？

狄迪恩　我意识到那些话其实没什么实际意义，它们描述的与其说是一个观点，不如说是一种交涉。然后你开始发现缺乏细节本身就是一个细节，它是用来把水搅浑的工具。

阿尔斯　你在写《萨尔瓦多》和《迈阿密》时，理解到这点是否有助于你和你在写的那些政治人物对话？

狄迪恩　某些时候的确有用。不过我没怎么和美国政客说话。我记得和当时萨尔瓦多的总统说过话，他让我很震惊。我们当时在聊一项新的土地改革法案，我解释说我不是很理解有关它的说法。我们当时在讨论一项法规——第207条法规——在我看来，它似乎在说拥有土地的人可以设法让自己不受改革影响。

他说，207永远只对1979年管用。大家不明白的是这点。我问，他是不是在说，207只对1979年管用，因为没有土地拥有者会在207生效后允许租客住在他的土地上，因为这会损害他们的利益？他说，没错，207生效后没人会把地租出去。他们疯了才会这么做。

你看，他的回答非常坦率。很少有政客会说得这么直白。

阿尔斯　　和约翰聊你在那里的经历有没有帮助？

狄迪恩　　和他聊政治非常有用，因为他对政治有非常切身的理解。他在哈特福德的爱尔兰天主教家庭长大，对那里的人来说，政治是早餐的一部分。我是说，他很快就意识到没人在讲什么有实质的话。

阿尔斯　　写完《萨尔瓦多》之后，你写了下一本小说《民主》。你似乎运用了你在报道美国和世界的关系时积累的经验。

狄迪恩　　当时我想得最多的是西贡[1]的沦陷，尽管它发生在小说暗处。1975年，我在伯克利教书时，西贡沦陷了。我没法忘记那些画面，那是《民主》背后最强烈的脉搏。书出版后，有人问，小说为什么以美国的太平洋核试验开始。在我看来，那些核试验连

1　今胡志明市。

成了一条线，笔直地指向我们在放弃西贡时从航空母舰上起飞的直升飞机。在我脑中这是一个非常清晰的递进。我主要想证明，你可以写一本以西贡的沦陷或伊朗门事件[1]为背景的爱情小说。要是小说的核心没有一个强大的个人故事，我是很难把它写完的。

《民主》其实是一本更完整的《公祷书》，二者的结构基本是一样的。一个叙述者，试图理解一个众人口中的人物，重建一个故事。我可以清晰地看到这两个女人，但我必须站到远处才能讲这个故事。《公祷书》里的夏洛特是那种裙子很贵但线头脱落的人。她身上有种极端的散漫。《民主》一开始是喜剧，一本喜剧小说。我觉得它对人生的看法更平和一点。我写得很艰难。不知道为什么，写小说写得再久都还是很难。

我们在布伦特伍德有一个大保险柜，我们要是在山火季离家就会把手稿放进去。柜子特别大，我们从来都懒得整理。1988年搬家的时候，我得清理柜子，然后发现了《民主》前90页的不同版本，标了不同日期，在几年间写的，多得我数都数不过来。我老是写到90页就不知道怎么往下写了。我不知道怎么切换。我不记得最后是怎么解决的了。

---

[1] 1980年代中期，里根政府向伊朗秘密出售武器，造成严重政治危机。

很多版本的开头都是比利·狄龙去纽约州长岛的阿玛根塞特找伊内兹，告诉她她父亲开枪杀了她的姐妹。很难从那儿出发去其他任何地方。不管用。这个叙事太传统了。我没法写到一个可以过渡的点。即使到了最后的最后，我也还是没有到那个点。

阿尔斯　　这对你来说是第一次吗？

狄迪恩　　对我的小说写作来说是第一次。小说结尾前两晚我都不觉得我能把它写完。等真的写完了，我感觉我只是把它抛弃了，只是声称我写完了。这跟越南有点像——要不干脆就说我们赢了然后就走吧？我没有一种真正的完成感。

阿尔斯　　你的小说运用了很多你为非虚构写作所做的旅行和报道的经验。你会为了写小说特意做调研吗？

狄迪恩　　我为《公祷书》做了调研。我们当时雇了一个调研助手，叫蒂娜·摩尔，她非常出色。她去加州大学图书馆时，我会说："我要和中美洲种植园生活相关的资料。"她回来时会说："这才是你在找的东西——你肯定会喜欢这个。"而那不是关于中美洲种植园生活的资料，而是锡兰[1]的资料，但非常有用。她凭直觉知道它讲的是同样的故事，知道我在

---

[1] 今斯里兰卡。

找什么。我在找热带雨林的生活法则。我当时不知道，但我发现了这一点。写《民主》时，我对里面的地方都更熟悉。

阿尔斯　你的最近一本小说是《他最后的心愿》，出版于1996年。这本书写得久吗？

狄迪恩　不久。我在1995年秋初或夏末时开始写，圣诞节写完。那本小说我想了很久了。我想写一本关于伊朗门的小说，趁这些东西失落之前把它们保存下来。它基本上是一本关于迈阿密的小说。我希望它的情节非常紧凑。我注意到阴谋是理解那片世界的关键——每个人都在被人以某种方式陷害。情节太复杂了，我不得不很快把它写出来，否则我没法记住这么多信息。如果我忘记一丁点细节，小说就不会成立。有一半的读者都不明白最后究竟发生了什么。很多人以为埃莱娜试图杀特里特·莫里森。"她为什么想杀他？"他们会问我。但她没杀他。是另外一个人杀的，然后栽赃到了她头上。我似乎没把这点写清楚。

我开始对写作的条条框框失去耐心。我最早失去耐心的是描写；在小说和非虚构里，我对大段的描写开始失去耐心。当然，我说的不是带给你场景感的细节。我说的是用来代替思考的那种描写。我想你能看出来，我早在《民主》里就失去了耐心。这也是为什么那本书这么难写。

阿尔斯　在《民主》和《迈阿密》之后,《他最后的心愿》之前,你出版了非虚构作品集《悼亨利》。在我看来它是你重回纽约,试图理解这座城市的一种方式。

狄迪恩　里面有那篇写中央公园慢跑者案[1]的长报道《感伤之旅》("Sentimental Journeys"),我写它的出发点就是这种渴望理解的冲动。我们当时在纽约住了一两年,我意识到我和这个城市没有任何互动。我就像住在另外一个城市一样,因为我不理解纽约,我不懂它。所以我意识到我需要写一些关于纽约的报道。我和罗伯特决定写一系列关于纽约的短报道,第一篇就是关于慢跑者案。但它其实不算报道,而是从很多角度来切入一个情境。我非常投入,写完之后,文章太长了。我交了稿,罗伯特给了些点评——很多很多点评,结果文章更长了,因为他认为文章还需要很多其他信息,也的确如此。等我把这些信息全放进去后,字数又多了六到八千字。等我终于写完时,我心想:"我对纽约要做的已经做完了。"

---

[1] 1989年4月19日晚9点,约30名少年从哈莱姆区入口进入中央公园,袭击并抢劫多名行人,还攻击了四名男性慢跑者。凌晨1点30分,白人女性特丽莎·梅里在公园内被发现,身受重伤,并遭到强奸。5名少年经审判被定罪。

阿尔斯　　　尽管它和纽约相关,但《感伤之旅》其实是关于种族、阶级和财富的。

狄迪恩　　　在我看来,当时处理这个案件的人对它怀有很多轻视。

阿尔斯　　　怎么讲?

狄迪恩　　　检察官认为媒体和舆论都站在他们那边。这个案件成了纽约人宣泄愤怒的方式,对身无分文、身陷又一场经济萧条、没有基本的舒适生活、感觉有人露宿街头的愤怒——的确有人露宿街头。我们在1987年股市崩盘六个月后搬来纽约。这件事在接下来几年里对麦迪逊大道带来了惊人的影响。傍晚八点,你在麦迪逊大道上走路时,必须避开门口睡觉的人。当时有个德国电视台的摄制组在拍慢跑者案,他们想在哈莱姆区拍,但时间有点晚了,光线越来越暗,他们一直问我附近哪里能拍到贫穷的场景。我说:"试试七十二街和麦迪逊大道交界的地方。"现在拉尔夫·劳伦马球男装店的那个地方,你知道吗? 那栋楼当时是空的,门锁坏了,你能看到老鼠在里面仓皇地跑。房东把大楼清空了——我猜他本来想涨租金——然后股市就崩盘了。那里什么都没有。整个街区一团糟。

阿尔斯　　　你的关注从加州转移到了第三世界,而现在你之所以能辨认纽约，正是得益于你对第三世界的报道。

狄迪恩 我观察到的纽约的感伤很多都来自它给自己讲述的故事，它用这些故事把它的阶级矛盾合理化。直到我开始写慢跑者案，我才意识到这一点。于是那篇报道渐渐成型。鲍勃会给我发审判的报道，但在写文章时完全就是我自己，因为只有我知道它的主旨是什么。

阿尔斯 早期关于加州的随笔里，你的选材和写作风格都独树一帜。近几十年里，是你的视角而不是你的故事让你的作品独特。

狄迪恩 这种转变来自我变得越来越自信，相信我的观点是值得写的。一开始，我不想写任何别人也在写的东西。随着时间流逝，我对此越来越不在意。比如中央公园慢跑者那篇报道，我没法进法庭，因为我没有警方通行证。这迫使我采用另一种方式切入，最后反而更有趣。至少对我而言。

阿尔斯 你同时是不是还在为《纽约客》的罗伯特·戈特利布写"来自洛杉矶的信"？

狄迪恩 没错。不过我每年只写两封，甚至更少。我记得每篇只有六到八千字。我的想法是每封信里写好几件事。我以前没写过这种文章，你只需要探讨大家那周在谈论什么。写起来不难，基调上和我为《纽约书评》的撰稿完全不同。我在把这些文章收入合集时又把它们读了一遍。我可能去掉了《纽约客》编辑做的一些修改，毕竟杂志有他们自己的写作风格。

阿尔斯　你是个怎样的记者？

狄迪恩　我什么都问不了。我偶尔会被迫做做采访，但往往就是走个过场，以便建立我的可信力，表明我获准在受访者身边待一阵。别人在采访里说了什么对我来说不重要，因为我不相信它。有时你通过采访会获得很多，但公众人物通常不会给你很多信息。

写莱克伍德那篇稿子时我做了采访，这很关键，因为这是那篇稿子的核心。但这些采访对象不是公众人物。一方面，我们聊的是我去那里的表层目的，也就是"马刺团"（Spur Posse），一群因多项违法行为被捕的当地高中男生。实际上，我们谈的是每个人最关心的问题，也就是国防产业的衰落，而这是莱克伍德的核心产业。为了那篇稿子我做了采访，也聆听了很多。

阿尔斯　你那本关于加州的合集《我的来处》（*Where I Was From*）是不是就是从那篇稿子来的？还是说你早就在构思那本书了？

狄迪恩　其实我在1970年代时就开始动笔写一本关于加州的书。我写了第一部分的一些内容，关于我的家人，但因为两个原因，我写不下去了。其一，我还没把加州弄明白；其二，我不想把加州弄明白。因为不管我弄明白了什么，它都不会是父母向我讲述的加州。我不想去面对这个。

阿尔斯　　你觉得你还是他们的孩子？

狄迪恩　　我觉得去处理这个没有任何意义。等我写《我的来处》时他们已经去世了。

阿尔斯　　你刚才说，自《白色相册》之后，你厌倦了个人写作，不想成为"寂寞芳心小姐"。现在你出了《奇想之年》，你肯定从读者那里收到了更多的私人反馈。这对你来说困难吗？

狄迪恩　　《奇想之年》收到了很动情的读者反馈。但它们并不夸张，并不向我索要什么。他们只是在理解一个挺普世的经历，而大多数人并不谈论它。就这本书而言，我发现我能直接应对这些反馈。

阿尔斯　　你觉得你会再写一些关于纽约的小文章吗？

狄迪恩　　我不知道。可能会，但我对纽约的基本问题已经得到了答案：这是一座犯罪之城。

阿尔斯　　这是你的问题？

狄迪恩　　对，它是一座犯罪之城。

阿尔斯　　你觉得住在这里给你带来活力了吗？

狄迪恩　　我觉得这里很舒服。我们在加州住了二十四年，住了一年之后我不再想念纽约。住了两年，我再想起纽约时会感伤。有段时间我甚至不会来纽约。有一次，我意识到自上次去纽约以来，我都去了两次香港。后来，我们开始在纽约久居。我和约翰都很庆幸9·11发生时我们在这里。9·11当天和紧随其后的那段时间，我想不出自己宁愿待在其他任何地方。

阿尔斯　　你本来可以住在萨克拉门托当一个小说家，但你最终进入了好莱坞和政治的世界。

狄迪恩　　我一直不喜欢那些从不离家的人。我不知道为什么。在我看来离开是你人生的职责之一。

阿尔斯　　这让我想起《公祷书》里的夏洛特。她对外面的世界没什么设想，但她想置身其中。

狄迪恩　　尽管小说发生在更大的世界里，它内部的部分驱动力完全是私人的，哪怕写的时候你没有意识到这一点。《公祷书》写完几年后，我意识到，我写它其实是在设想金塔纳长大成人。我是1975年左右写的那本书，当时她九岁，但我已经设想到我们的分别，并开始提前面对它。所以小说处理的也是你害怕自己没法面对的东西。

阿尔斯　　你眼下在写什么吗?
狄迪恩　　没有。我暂时还不想闭关那么久。

阿尔斯　　你还想在外面多待一会儿。
狄迪恩　　对。多待一会儿。

我们谈论我们的孩子,其实是在谈论我们的恐惧,
我们害怕孩子死掉,成为命运的人质。

JOAN DIDION'S YELLOW CORVETTE

琼·狄迪恩的黄色科尔维特

采访者
哈里·孔兹鲁

2011 年 9 月

2011年9月,我来到狄迪恩位于上东区的公寓。她刚出版了回忆录《蓝夜》,我此行的目的是为一本英国女性杂志就《蓝夜》对她进行采访。我们聊了很多,包括丧恸、失败美学、加州,以及她和雷德格瑞夫演员家族的友谊(应杂志编辑的要求)。绝大多数有趣的内容最终没能收入杂志,在此奉上我们聊天的完整内容。

孔兹鲁　　说我很喜欢《蓝夜》是不准确的。我很仰慕它。

狄迪恩　　谢谢。

孔兹鲁　　你是什么时候意识到你在写这本书的?它和你写《奇想之年》时记的笔记是完全连贯的吗?

狄迪恩　　不,完全不是。我和《奇想之年》已经了结了。它被改编成了戏剧。我当时在想——这部剧演了一两年,我得想接下来写什么,然后我决定写孩子,写我们对生养子女的态度。我动笔开始写作,自然而然地,我写着写着就不知不觉地写起我自己的孩子。当时我写得很艰难,我心想——你没必要做这件事,你可以把钱退给克瑙夫,不写这本书了。我这么想了几周,然后突然有了一个想法,把它写了下来。我发现它和孩子毫无关系，而是关于变老，我就接着写了下去。

孔兹鲁　你说你接着写了下去，我很好奇——你是怎么开始的——你一般会怎么开始一本书，以及这本书是怎么开始的。你会记笔记——

狄迪恩　对这本而言，我当时完全不知道它是关于什么，所以我没记任何有用的笔记。然后——不知怎的，我想到了"蓝夜"这个词，被它吸引，我心想这本书可以叫《蓝夜》。这听起来很离谱：你开始写一本书，仅仅因为你想到了一个让你高兴的词。

孔兹鲁　所以这本书是从标题展开的。

狄迪恩　完全如此。所以它没有线性地前进，因为它是从标题展开的。

孔兹鲁　它似乎遵循了记忆的形状。

狄迪恩　它遵循了记忆的形状。

孔兹鲁　你会琢磨一些非常精确的碎片，把它们接通。

狄迪恩　然后再绕回来。

孔兹鲁　"当我们谈论死亡时，我们在谈论我们的孩子。"我想请你展开讲讲这句话是什么意思。

狄迪恩	我不知道我这么写是想表达什么。我写下它,然后开始想——当然,这个想法很乏味——我们谈论我们的孩子,其实是在谈论我们的恐惧,我们害怕孩子死掉,成为命运的人质。我们的孩子是人质。这句话只是从看事情的一个角度切到了另一个。
孔兹鲁	关于脆弱你写了很多,我一会儿还想再问问这一点。你认为——一旦有了孩子——
狄迪恩	你就无时无刻不在害怕。
孔兹鲁	这个想法非常令人恐惧。我还没有小孩。我打算生一个。这恰恰是我最怕的一点。
狄迪恩	可怕极了。
孔兹鲁	如何成为父母——
狄迪恩	其实非常可怕。很多养狗的人就是这种感受。如果你对狗有这种感受,你肯定会对你的小孩有这种感受。
孔兹鲁	你在试图理解金塔纳的童年时,提出的问题之一是你抚养她的环境,电影从业者的聚居区。你写了一个非同寻常的故事:你带她去看电影《俄宫秘史》(*Nicholas and Alexandra*)(1971年),她的反应是:"我觉得它会大卖。"这个反应显然给你留下了深刻印象,你本以为她会对电影的故事有一个直接的情

绪上的反馈。你怎么看她的反应？她是在保护自己，不让自己有所感受吗？你是否担心她在某种程度上变粗俗了？

狄迪恩　我不知道我当时的想法。我没有为此感到忧虑，我只是很惊讶。她认识的每个人都会这么说话。我很惊讶她受到他们这么大的影响。她是 1963 年出生的，当时才八九岁。

孔兹鲁　你写了很多酒店的事，写你带她去多切斯特酒店、广场酒店。但你坚决反对别人说她是一个享有特权的小孩。

狄迪恩　我不认为她享有特权。我很不愿意别人在读了她的故事后，认为她是一个拥有很多特权的孩子。我认为她人生中有很多经历是和特权对立的。她的人生在很多方面都很艰难。

孔兹鲁　比如她是被领养的？

狄迪恩　对。以及她不是——她被放到一个环境里，为了在这里存活下来，她习得了一些东西，在我看来这不应该被当成是她的错。（笑）

孔兹鲁　她在诸如此类的情境里如鱼得水，这似乎让你有些摇摆不定。

狄迪恩　我当时的确有些摇摆不定。

孔兹鲁　　因为你不想让她这么快长大?

狄迪恩　　我压根就不想让她长大!我希望她永远都是个小婴儿。

孔兹鲁　　所以终点就是你把她领养回家的那一天,在好莱坞一家餐馆里,她坐在放在桌上的婴儿床里,你感到一切都是完美的。

狄迪恩　　对。

孔兹鲁　　回到"脆弱"这个词。你对它进行了非常动人的描写。不过在我看来,你的作品中贯穿了一种没有对象的焦虑和恐惧,这是我从你20世纪六七十年代的写作中感到的最突出的基调之一。我觉得正是它让你写加州写得这么好。这种恐惧的内核非常加州——然而——现在这种恐惧有了对象。某种意义上,最坏的已经来临。

狄迪恩　　没错。这个时间点很怪。它本该让人感到解放,但并未如此。我已经不再被它钳制。

孔兹鲁　　你已经面对了它。

狄迪恩　　对。

孔兹鲁　　而你仍在这里。

狄迪恩　　好像不是这样的。

孔兹鲁　　那是怎样的？

狄迪恩　　还是会有一种飘忽不定的焦虑。

孔兹鲁　　你感觉它转移到了——物理世界——从街那头冲过来的滑滑板的人、出租车？

狄迪恩　　没错。我为金塔纳的安危感到的恐惧转移成了对我自己安危的恐惧。

孔兹鲁　　你写过这种奇特的感受：有时你会忘了这是你的身体，你会感觉自己是个更年轻的人。今早我读了一篇以前对你的采访，那时你还住在加州（《琼·狄迪恩：划界加州》，采访者角谷美智子，收录于《琼·狄迪恩：随笔和对话》中），里面你说，《顺其自然》里玛利亚开的那辆1969年产的黄色科尔维特黄貂鱼其实是你的车。

狄迪恩　　是我的车。

孔兹鲁　　你现在觉得你和她之间还有联结吗？那个开着黄色科尔维特黄貂鱼沿着海边公路去马利布的女人？

狄迪恩　　不会了。过去某一刻，我意识到我已经不再是那个开黄色科尔维特的女人了。这是最近发生的事。不到五年前。

孔兹鲁　　当你说"意识到"，你是指你往前看了，还是说你感到失落——

狄迪恩　　实际上，约翰死后，我第一次觉得——我第一次意识到我有多老了，因为我一直觉得自己——约翰活着的时候，我透过他的眼睛看我，而他眼里的我是我们刚结婚时的我——所以当他死后，我开始用另一种眼光来看自己。自那以后都是这样。那辆黄色的科尔维特，当我放弃它时，我是彻头彻尾地放弃了——我拿它换了一辆沃尔沃的旅行车。（笑）

孔兹鲁　　（笑）这个决定真是挺极端的。

狄迪恩　　那个车商非常不解。

孔兹鲁　　他不明白为什么一个开科尔维特的人会变成一个开沃尔沃的人。是因为你要离开加州了吗？

狄迪恩　　不是，我们刚从马利布搬进布伦特伍德。我需要一辆新车，因为那辆科尔维特有个东西老是坏掉，但我其实不需要一辆沃尔沃旅行车。或许因为我想着我们要搬进布伦特伍德了。

孔兹鲁　　你在试图扮演一个住在城郊的人。而科尔维特是那种你开在迷雾笼罩的路上，试图弄明白该在哪儿转弯，哪儿是悬崖峭壁的车。

狄迪恩　　对。

孔兹鲁　　这本书有很多陡然的转折，有一个我很喜欢——它让我很惊讶——你在一段文字里深情地写道，物件对你来说保存了很多记忆，那章结束后，你在下一章开头宣称，你"再也不这样珍惜纪念品了"。这让我很错愕。然而现在我们在你的公寓里，周围都是你的物件。你的书和照片。这本书里，你有一刻相当憎恨——

狄迪恩　　东西。

孔兹鲁　　我本以为你会住在一个空荡荡的极简空间里，对这里进行了彻底的清理。

狄迪恩　　当时我在考虑搬进安妮·莱博维茨[1]的公寓。（采访开始前，我们谈起了位于曼哈顿切尔西的公寓楼群"伦敦露台"，以及莱博维茨和苏珊·桑塔格合居的公寓。莱博维茨要搬去她那栋纷争不断的联排公寓时，狄迪恩去看过那间公寓。她很喜欢它空荡荡的样子。）

孔兹鲁　　这是否意味着你和物件达成了和解？

狄迪恩　　我没有和它们和解。我不知道拿它们如何是好。没有解决办法。我不想就这么把它们扔掉。

孔兹鲁　　你不可能把它们全捐给慈善机构。

---

[1] Annie Leibovitz，美国著名肖像摄影师，苏珊·桑塔格的恋人。

狄迪恩　　对，我也觉得。有的东西对慈善机构来说根本没用。动手清理这些东西对我来说太难了。

孔兹鲁　　每个人的应对方式都不太一样，不是吗？有人需要把东西打包扔掉之后才能开始处理自己的情绪。

狄迪恩　　我母亲去世时——她是在蒙特雷过世的。我哥在圆石滩有座房子，所以他在场。我立马就知道了，因为我母亲私下告诉我，她想确保她死后我哥不会把她的东西都扔垃圾桶了事。她想把特定的东西留给特定的子女、孙子女、外甥侄女；她希望我来处理这些事。所以我尽力去做了。我飞回加州，跟我哥坚持要遵照母亲的心愿，要分配她的家具等等。他很不情愿，最后我只有把大部分东西运到我的公寓。我把留给孩子们的东西都分出去了，剩下的都在这儿。它们还在这儿。我不想要它们。

孔兹鲁　　但是归档体系、处理体系已经不在了。

狄迪恩　　没错。

孔兹鲁　　你写过娜塔莎·理查德森[1]，和瓦妮莎·雷德格瑞夫[2]也是朋友。对比自己和朋友的丧恸对你来说有

---

[1] Natasha Richardson，英国演员，2009 年时在一场滑雪事故中去世。
[2] Vanessa Redgrave，英国演员，娜塔莎·理查德森的母亲。

	帮助吗？
狄迪恩	我和瓦妮莎在合作戏剧期间成了很好的朋友。其实我们之前就走得近，原因很奇怪，因为我和托尼·理查德森[1]是朋友。我很喜欢她。我们在合作戏剧期间变得很亲近。准确地说，是她在排戏。我没干活。
孔兹鲁	照你的话说，你在剧场附近喝鸡尾酒。
狄迪恩	对（笑）。娜塔莎去世时我们也聊过。这件事我们当然聊了很多。我不确定——聊天并不能带来慰藉。
孔兹鲁	有一个社群不会带来慰藉吗？
狄迪恩	不，我觉得不会。
孔兹鲁	人们确实会结伴聊天，不是吗。我自己没动过这种念头就是了。
狄迪恩	我也没有。我从没这么做过。瓦妮莎让我好受很多，只要她在那儿就好。
孔兹鲁	她是个非同凡响的存在。我认识她弟弟。
狄迪恩	科林。

---

[1] 娜塔莎的父亲。

孔兹鲁　　对。我们在一次读剧会上认识的，我们一群人在读科林的剧本（为了抗议关塔那摩湾的法外拘留所）。她这个人——是个旋风般的女人——我觉得她那会儿特别心不在焉，脑子里有一百万件其他的事——她把她的烦心事带进了房间。

狄迪恩　　完全如此，完全如此。

孔兹鲁　　我发现最简单的方法是顺从，任由她决定她想制造怎样的氛围。

狄迪恩　　她既演了纽约布斯剧院的《奇想之年》，还演了伦敦国家剧院的那些场。要去国家剧院时，她叫我去伦敦陪她彩排一周。到彩排间的那天，我一进去，她为了表达看到我来的喜悦，把包扔到了我身上。我突然发现有血从我腿上流下来。剩下的那周我每天都去英国国民医疗的护士那里报到。（笑）

孔兹鲁　　她奔放的举动给你造成了伤害。她有懊悔吗，还是说她根本就没注意到？

狄迪恩　　我没告诉她我为什么要去见护士。

孔兹鲁　　有段话给我的印象很深：你分享了你为一篇小说记的笔记，上面不同地方都用 x 做了标记，你展示了你是如何——以某种方式——轻松地填补这些空白去回应——你说你把它当作听音乐。然后你说你失去了这种能力。这种变化是什么时候发生的？你现在的写作是怎样的？

狄迪恩 我觉得这个变化发生在我写这本书的过程中。我不是说它和这本书有什么具体关系。某件事发生了——我和语言之间那种轻松的关系消失了。至于究竟是怎么回事，我一头雾水。

孔兹鲁 是指轻松产出文字的能力，不是说文字对你来说不会背负过多意义？

狄迪恩 轻松产出文字的能力。它们对我是有意义的。事实上，我跟一些人提起这件事时，他们会对我说——他们会提起十年前的某天，当时我也在抱怨自己失去了和语言之间的关系，我可能的确说过。但我现在感受到了这一点。

孔兹鲁 你写到有段时间，你会鼓励这种倾向，因为你觉得它代表一个新方向。对你来说，直截了当的文字似乎是很重要的品质。

狄迪恩 对。

孔兹鲁 然后——你认定其实并非如此。你写道："如今我将它视作脆弱的表现。"对你来说，脆弱代表什么？是指不再拥有这种能力吗？

狄迪恩 是指它是一种失败。而不是一种技巧。

孔兹鲁　　怎样的失败？

狄迪恩　　具体来说，就是无法维系和语言的顺畅关系。或者和我的支持体系之间的顺畅关系。

孔兹鲁　　话虽如此，这本书在风格上和你的前作是统一的。我能感觉这是你的作品。我没觉得——它或许更凝练，更——

狄迪恩　　但我感觉很不一样。

孔兹鲁　　最难的问题来了：怎么不一样法？这种你在创作时感受到的困难，会不会它对读者来说其实没那么明显？（长久的停顿）

比方说，你觉得自己还会写小说吗？

狄迪恩　　写完《他最后的心愿》（1996 年）之后，我好像就没法写小说了。我想让这本书完全凭借情节推动。我想写一本情节性很强的小说。我做到了。它的情节非常密，以至于我得——我记得我用了十周左右把它写完，因为你要是停一分钟就不记得情节了。我在写——有人想让我把它改成电影，我在写改编剧本的草稿——我甚至都不记得情节了。我没法让它前后一致。于是我意识到我没法再写小说了。

孔兹鲁　　因为你觉得"情节性"不重要，很遥远了吗？你希望你创造的结构能更直接地反映你的经验？

狄迪恩　我觉着这么写下去不对。

孔兹鲁　加州还是纽约？放弃加州驾照时你很痛苦。

狄迪恩　我不得不放弃它。我的生日到了，我得去更新驾照，但我没法去加州。我已经通过邮件更新了太多次，必须得本人到场办理了。于是我拿着加州的驾照去了34街，把它上交了。我现在是个纽约的司机了。

孔兹鲁　你还有很多朋友和熟人在洛杉矶吗？

狄迪恩　对。

孔兹鲁　你还会在那里久住吗？

狄迪恩　不会了。金塔纳住院以来我就没在那里久住过了。

孔兹鲁　你在纽约的生活是怎样的？你会见很多人吗？

狄迪恩　太多了。

孔兹鲁　有个作家——我想你或许认识她——她叫梅根·欧洛克（Meghan O'Rourke）。

狄迪恩　哦对。

孔兹鲁　她有本回忆录写的是她母亲离世（《漫长的告别》，2011年）。对她而言，写下来是一回事，她很快就写完了。她发现——去讲它，为了这本书做巡讲，像这样接受采访——很痛苦。她没有想到会这么难。我在某处读到，《奇想之年》出版后你在全美参加了很多宣传活动，你觉得这很疗愈。

狄迪恩　某种程度上是这样的。它几乎紧跟着金塔纳的去世发生。当然，活动是在她住院前很早就规划好的。但我没想过取消活动，因为我根本不知道取消之后我能做什么——我是说，我这辈子都不会停止为金塔纳哀恸。问题不是这个——问题是你的余生还要不要过下去。去乘飞机，去生活。

孔兹鲁　有其他事可以分心有时是一件好事，但接受观众提问的感受如何？肯定会有人站起来向你讲述他们的故事。

狄迪恩　对。但其实——因为他们想跟我讲他们的故事，而不是听我的故事，这样其实很好。（笑）我可以放轻松，成为他们故事的见证者。我很享受扮演这个角色。

孔兹鲁　某种程度上，你在整个职业生涯期间都在做这件事。

狄迪恩　倾听。

孔兹鲁　这段话出自《白色相册》："你面前这个女人，在人生的某一刻错将她为数不多的信念放在了社会契约、改良原则之上……我没法继续相信这最简单的道理,即在这世上,遵守承诺是有意义的,因为它教给我的每样东西似乎都无关紧要。"我想,这段话一部分讲的是1960年代的社会动荡,但它似乎也——从结果上来看——有关失去丈夫和女儿——你是否感觉在某种程度上,承诺被打碎了?

狄迪恩　我丈夫的离世和金塔纳的离世不同,它完全是意料之内的。我没有预见它的发生——但他到了一定年纪,有心脏问题,这是我们——包括我在内——都认识到的事实。我知道他有心脏问题,这不是一个秘密。他的心脏总是在接受某种治疗。其他人都能立马明白他的死因。但我还是很惊讶。这是我的问题。(笑)

孔兹鲁　想象力的失败。
狄迪恩　对。但金塔纳的死是毫无征兆的。

孔兹鲁　不公?
狄迪恩　不公——我不会说不公。没有什么是公平的。但她的死很突兀。

孔兹鲁　作为一个对人生意义的通俗看法持怀疑态度的人——至少从刚才那段来看,写那段话的人不明白什么事值得关心——你的经历恐怕只会放大这种感

	受。我想问的是,对你而言,写作是否提供了一个中心?
狄迪恩	我没有中心。我不知道我的中心在哪里。我不知道我能不能找到它。我时不时会在半夜醒来,心想——好,有一瞬间,我能感受到中心是什么,但它没有显现——它是一个幻影。
孔兹鲁	我有一个私人问题。我和我的未婚妻凯蒂·北村(Katie Kitamura)在合写一部电影剧本,她也是个小说家。我们都读到你和你丈夫一起写剧本,你能不能讲讲你们是怎么合作的。你们会一起写场景,还是——
狄迪恩	我们的做法是这样的:我们一起写剧本的不同部分。如果他先开始写,我就跟在他后面,重写他完成的部分。如果我开始,他会来重写。
孔兹鲁	一个人起头——
狄迪恩	其实只有一个人来构思情节。你没法坐在那儿把情节给聊出来。一个人可以坐在那儿,把人物想出来。另一个人可以给它润色,补充细节。取决于谁有时间先开始,另一个人随后跟进。谁没有其他事情就可以来起头。

只忠于一个人,只回应这个人,这非常——
这对我来说很新鲜,事实上也很棒。

AN INTERVIEW WITH JOAN DIDION
采访琼·狄迪恩

采访者
希拉·海蒂

《相信者》杂志(*The Believer*)
2012 年 2 月 1 日

2011年12月一个周四的中午，我对琼·狄迪恩进行了一次电话采访。她当时住在华盛顿一家酒店里。前台的女接听员问："你找谁？比比恩？比利的比？"我答道："不是，是d，dog里的d。"我觉得怪怪的，对接听员有些不满。"dog里的d，i，dod里的d，i，o，n。"我不喜欢把狄迪恩的名字和dog放在一起。我也不想和琼·比比恩说话。

克瑙夫出版社为我们安排了半小时长的采访。狄迪恩正在为新作回忆录《蓝夜》做宣传。这天晚些时候，她会去一家书店做活动。

我想象她此刻坐在一张整洁的床的床沿上。我想象在我们挂断电话后，她会在房里挪动东西的位置，然后开门迎进另一位记者。或许她有时间在华盛顿转转，享受独处的几个小时。

过去几周我一直在读狄迪恩：她的小说；她的随笔，收录于《我们给自己讲故事是为了活下去》(*We Tell Ourselves Stories in Order to Live*)；《蓝夜》，写于她女儿因流感恶化而去世之后，一本关于衰老、失去和作为母亲的书；《奇想之年》，她的上一本畅销书，关于她的作家丈夫约翰·格列高利·邓恩之死。凭借《奇想之年》，狄迪恩重新回到美国探讨自身的对话中，而这正是她自1960年代起便一直致力进行的对话。

狄迪恩出生于1934年，以独树一帜的风格书写加州（她的家族世代居住于此），20世纪六七十年代美国发生的深刻变化、政治选举活动，以及生而为人。在她的随笔名篇《论自尊》里，她写道：

> 如果我们不尊重自己，一方面，我们只好瞧不起那些条件差、只能与我们为伍的人，他们眼光差、看不出我们致命缺陷；另一方面，我们又会轻易被遇到的人影响，并因为我们脆弱的自我认知，莫名决定按照他们对我们的错误认知而活……我们扮演着还未开始就注定失败的角色，而每次落败都会带来新的绝望，因为我们马上又得预想下一个落在我们头上的要求，并去满足它。

我引用这段话是想说，我觉得这位我即将采访的对象不受任何人影响，也不遵循任何人对她的虚假认知而活。她不摆姿态。她的声音敏感至极——哪怕最微小的转折也饱含深刻的情感与洞察，既不夸大其词，也不柔化或扭曲事实。她很严苛，同时又非常松弛。

1　表　演

海蒂　　我想从你在《巴黎评论》里说的一句话开始。你小时候想当演员而不是作家？

狄迪恩　　对。

海蒂　　你还说，没当成演员也没关系，因为写作在某种意义上就是表演。当你写作时，你在扮演某个角色吗？

狄迪恩　连角色都不是。你只是在表演。写作在我看来总是带有表演的成分。

海蒂　　这种表演的本质是什么？我是说，当演员扮演角色时——

狄迪恩　有时演员会扮演角色，有时他仅仅是在表演。就写作而言，我不认为你是在扮演某个角色，因为你扮演的角色是你自己。我不认为这是在扮演角色。这只是公开现身。

海蒂　　公开现身，说台词——

狄迪恩　但不是别人的台词。是你的台词。"快看——这就是我"，我觉得你所说的是这个。

海蒂　　你觉得这个"我"稳不稳定？在作家的一生中，她是否始终如一？

狄迪恩　我认为随着时间推移，她会变成一个较稳定的存在。刚开始时一点也不稳定。但你渐渐会变成你为自己塑造的角色。

海蒂　　你怎么衡量二者间的距离，你为自己塑造的这个角

　　　　　　色——

狄迪恩　　——和你本人？

海蒂　　对。
狄迪恩　　嗯，我不知道。你本人会变成你为自己塑造的角色。

海蒂　　你是为自己还是他人表演？
狄迪恩　　为自己。但这当然会牵涉到别人。我是说，读者就是你的观众。

海蒂　　你觉得你的作品有多少是与观众合作，或者为了回应他们而创作的？
狄迪恩　　哦，我觉得很多都是。我把《奇想之年》改编成了戏剧，在表演时，观众成了戏剧的一部分，这给我留下了很深的印象。观众是舞台上发生的故事的重要组成部分。我认为这点在你写作时同样成立。

海蒂　　但在写作时，读者更像是你想象出来的。
狄迪恩　　嗯，它不是你想象出来的——对，我想读者确实是你的想象，因为他们并不在场，这点和剧场里的观众不同。但这种合作同样真实，我认为。

海蒂　　读者为这种合作带来了什么？
狄迪恩　　和观众为演员带来的东西一样。如果没有读者，我无法想象自己写作。就像一个没有观众的演员无法想象演戏。

海蒂　　二者几乎是同时诞生的——写作和读者这个概念。
狄迪恩　对，它不是存在于真空中的。如果你没意识到读者，你就是在真空中创作。

2　开始写作

海蒂　　你记得自己怎么开始写作的吗？
狄迪恩　我那会儿还小。四五岁时，我母亲给了我一个大的黑色记事本，因为我老是抱怨无聊。她说："那就写点东西。然后你可以读它。"事实上，我刚学会识字，所以这一刻对我来说很刺激。一想到我可以写点东西——然后读它！

海蒂　　读自己的作品会给你带来愉悦吗？
狄迪恩　对，长年以来都是如此。并不总是这样，但有时会。

海蒂　　这种读自己的好作品时感到的愉悦具体是怎样的？
狄迪恩　嗯，就是那种读自己写的东西时那种深刻的愉悦——如果你喜欢你写的东西的话。要是你不喜欢，你就不会有这种感受。

海蒂　　你会对自己某个时期的作品感到疏离吗?

狄迪恩　我对我的第一部小说一直没有亲近感，因为它——我当时不知道怎么写，不知道怎么实现我的构想。我想打乱时间框架，但还没有足够经验来做这件事，所以我按编辑的建议，没有打乱时间框架，写了一个很传统的叙事。这种感觉很不好。

海蒂　　那本书离你的愿景很远?

狄迪恩　对，完全相反。

3　建 立 自 信

海蒂　　你说过你的现实感不强。你对作为记者的自己有很多批评，或者说你表达过觉得自己不是一个天生的记者。但你在职业生涯早期和后来进行的报道写作都非常出色。回看你的随笔写作时，你觉得当时的你是否认识到了现实?

狄迪恩　我觉得，我觉得她认识到了现实。但又不仅于此。我不知道。区分这些想法得很小心——不是小心，是很困难。

海蒂　　我猜想非虚构写作很难，因为你得很权威地说："世界是这个样子的。"你要如何才能获得足够的权

	威去说,"我知道的足够多,见到的也足够多,因此我可以总结这个世界"?
狄迪恩	嗯,你得去获得这种自信。这也是你在整个职业生涯中必须获得的东西之一。我是说,你会变得自信,认为自己有了——这听起来很可笑,但你会逐渐相信自己有答案。
海蒂	你还记得——
狄迪恩	——获得那种自信的时候?
海蒂	对,对你而言。
狄迪恩	对我而言可能来得比较晚,要等我开始从观众那里获得反馈之后。作为回应的反馈。其实也不是特别晚。我挺早就开始收到观众的回应(笑),不然我也不会有勇气继续写下去。
海蒂	大概是什么时候?比如说哪本书出来的时候?
狄迪恩	大概是《顺其自然》。那是什么时候?它是我的第三本书。我记得《顺其自然》快出版之前,我丈夫说:"它不会——你不会——你不会——这本书不会成功的。"我也觉得它不会成功。但它突然就成功了,小小的成功。自那以后我就更自信了。
海蒂	为什么你们都觉得它不会成功?

狄迪恩　　因为那是我的第三本书，在此之前我都没取得成功。所以你不会认为——我是说，你不会觉得自己突然之间会成功。你以为自己的才能是稳定的，无论写什么它都会流露出来，而如果观众此前从未察觉到它，那么你也无法想象他们突然会发现它。

海蒂　　《顺其自然》是小说，而那种自信也会扩展到其他类型的写作。

狄迪恩　　对。伴随它的成功，我开始写很多报道，它们逐渐获得关注，于是有人请我去做其他事。渐渐地，你获得了自信。你知道的。你也经历过这些。

海蒂　　对，是逐渐发生的。我很惊讶你丈夫说"它不会成功"。他这么说你会受伤吗，还是你们就是这样——

狄迪恩　　不，我没有受伤。我认为这是一个非常实际的评估。我非常同意。

海蒂　　真正的回应到来的第一个信号是什么？

狄迪恩　　我不记得具体情况了，突然间人们开始谈论那本书。范围不是很大，但却是我此前从未体验过的。

海蒂　　它有没有改变你和那本书的关系？你会觉得离它更远了吗？

狄迪恩　　不，它没让我觉得离它更远了。我很开心，我感觉离它更近了。离那本书。我写它时很难受,因为很难,我写完了才意识到写这本书让我有多抑郁。写完之后,突然间仿佛一个压在我头上的东西被拿走了,你明白吗?突然间我变得很快乐。

海蒂　对我来说,我在写一本书时,通常会对世界有一种特定的态度——

狄迪恩　对。某种程度上,你会被那本书的情绪所影响。

海蒂　很难找到一本写起来很安全的书,因为你总得去黑暗或艰难的地方。

狄迪恩　没错。有时你不想去那里。

海蒂　但不去那儿又能去哪儿呢?我是说,那是唯一可去的地方,不是吗?

狄迪恩　没错。

4　伍迪·艾伦的"关系"

海蒂　1970年代时,你就伍迪·艾伦的电影——包括《安妮·霍尔》和《曼哈顿》——写了一篇精彩的文章,发表在《纽约书评》上,你在里面多次给"关系"这个词打上引号——

狄迪恩　　那是因为他老是在讲打引号的关系。

海蒂　　关系什么时候不打引号，什么时候打引号呢？读那篇文章时，感觉你在说我们对关系的看法其实是文化的发明。

狄迪恩　　它不是文化的发明。伍迪·艾伦使用关系的某种方式在我看来不够诚实。

海蒂　　怎么个不诚实法？

狄迪恩　　我的意思是，我看他的电影，里面的人谈论着关系，除此之外什么也没发生。这对我来说不成立。

海蒂　　读你的那篇文章对我来说很有趣，因为我最早看的电影就是伍迪·艾伦的作品。我父亲是狂热的伍迪·艾伦影迷，在我看来他的电影就像现实生活，因为我是从《安妮·霍尔》和《曼哈顿》里第一次看到成人生活的描绘。童年时我大概看了那些电影上百遍。所以读你的随笔时，我感觉一盏灯灭了：哦，它只是一个人对生活的艺术阐释，它不一定是——

狄迪恩　　不一定是生活的全貌。

海蒂　　对，它不是纪录片。你觉得我们的文化越来越往那个方向走了吗——

狄迪恩　　对，自那之后，确实如此。它好像变成一种可以接受的观察世界的方式。

海蒂　　人类关系更加转瞬即逝了?
狄迪恩　　对。

5 极端或注定落空的承诺

海蒂　　我想问你什么是"极端或注定落空的承诺"。你在《白色相册》里写了这样一句话,"我带着一种本质上浪漫主义的道德观步入了成人生活",相信"救赎存在于极端或注定失败的承诺中"。
狄迪恩　　对。

海蒂　　我很好奇你是否认为婚姻、成为母亲,甚至写作是——
狄迪恩　　我当时确实认为婚姻和成为母亲是极端且注定落空的承诺。这并非来自我对二者的体验,只是我对事物的看法。

海蒂　　经历过母职和婚姻后,你还将它们视作极端和注定落空的承诺吗?
狄迪恩　　不了。我是说——我不会这么做。我将它们视作,嗯，它们对我来说确实是一种救赎。

海蒂　　救赎你免于什么？
狄迪恩　免于孤独，只身一人。

海蒂　　因为你们的关系非常亲密，还是因为结婚这件事本身？
狄迪恩　只忠于一个人，只回应这个人，这非常——这对我来说很新鲜，事实上也很幸福。

6　失去叙事

海蒂　　《蓝夜》的碎片化写作让我想起你的随笔《向伯利恒跋涉》，你在里面写到，那些孩子之所以是那个样子，是因为他们没有——
狄迪恩　对。

海蒂　　——叔叔阿姨——
狄迪恩　对。

海蒂　　我很好奇：作为一个人，也作为一个作家，如果你身边没有固定的人——不只是家人，还有朋友，以及你居住多年的城市的地标——因为城市也会变化——你会变得更碎片化、原子化吗？

狄迪恩 嗯，我认为会的，然后你需要学会怎么应对它。我是说，这其实是我在这本书里探讨的部分问题。这本书很私人。我说它私人不是因为我在谈论我的私事，而是说我在处理"找不到叙事"这件事。

海蒂 那么写完一本没有叙事的书对你来说是什么感觉？
狄迪恩 嗯，并不是很积极乐观，但起码我此刻想直截了当地处理"此刻的我没法很积极乐观"这件事。

海蒂 写一部没有叙事的碎片化作品需要一种不同的思维方式吗？
狄迪恩 完全如此，思维方式很不一样。因为作家通常做的是努力找到叙事。我在过去十年里写的很多东西都和寻找叙事有关。这和它截然相反。这本书最初的构思就是没有叙事，并且这也没关系。

海蒂 你的思考如果没有聚焦在寻找叙事上，那又在哪里呢？
狄迪恩 嗯，聚焦在"叙事不重要"这件事上，我觉得。

海蒂 这对你来说是否比能够找到叙事感觉更真实？它是一种更深层的真相吗？
狄迪恩 目前来说是的。最后它变成了这本书的主旨。

海蒂　你是否觉得如果你没写这本书，真相就会在你周遭悬浮，但不会完全显形？

狄迪恩　是的。对我来说，有些事物我只能通过写作才能达成理解。

海蒂　你觉得写作是如何帮助你达成理解的？

狄迪恩　你是说它如何帮助一个人达成用其他方式无法达成的理解？

海蒂　对。

狄迪恩　它迫使你去思考。它迫使你把事物想通。你知道的，没有什么道理会突如其来地、轻而易举地降临。所以如果你想理解自己在想什么，你得去钻研它，去写它。对我来说唯一的方式就是去写它。

海蒂　这一点或许贯穿了你的一生。

狄迪恩　对，的确如此。

7　圣诞之后

海蒂　你接下来要写或者眼下正在写的东西，是——

狄迪恩　我现在没写东西。我希望我在写。我已经很久没写了——我得写点什么。我接下来要写几篇文章，但我好像没法专注。等春天来了我会试着专注写点东西。

海蒂 是别人请你写的还是你自己想写的？

狄迪恩 嗯，到头来你还是得自己想。一开始是编辑给我的提议，但过程中我得把它转化成我自己想写的东西。

海蒂 不写作时生活是不是感觉不一样？

狄迪恩 很不一样。我不喜欢这种感觉。

海蒂 它是不是觉得——对我来说它就失去了形状。

狄迪恩 失去形状，飘忽不定，对。我迫不及待地想回家。我明天乘火车回家，但下周要去加州，所以我又得离家。至于什么时候生活才会恢复正常，基本上要等圣诞以后。

海蒂 所以你一心期待着圣诞之后的生活？

狄迪恩 对。这是我的叙事。（笑）

海蒂 到时候就没那么多事，你就可以坐在桌前了。

狄迪恩 坐在桌前，每天坐在同一个位置，对。

海蒂 那样活着更带劲？

狄迪恩 没错。

8 找到节奏

海蒂　你什么时候写作状态最好？

狄迪恩　找到节奏的时候。

海蒂　你写作时会不会有时觉得自己在逃避写作？

狄迪恩　当然会。每个人肯定都有写作时感觉自己在逃避写作的瞬间。

海蒂　这种逃避的本质是什么？没在思考？

狄迪恩　没在思考，对。没在思考。

9 充满错觉的一生

海蒂　你的上一本书叫《奇想之年》，在随笔《感伤之旅》里，你写道，纽约人在经历一场高度曝光的强暴案、试图恢复正常生活时，采取了某些"自我欺骗的手段"，以为这样做能改变自己的命运。我很好奇你知不知道我们为什么会这么迷信？是因为心怀希望，还是缺乏控制，还是因为我们是极其迷信的物种？我们似乎没法摆脱迷信。

狄迪恩　对，没法摆脱。我觉得我们天生如此。

海蒂　　　你觉得它到头来给了我们什么？

狄迪恩　　嗯，它到头来给了我们叙事，我想。我们躲不过它。我们需要叙事。找不到叙事是一件很悲伤的事。

海蒂　　　回顾你的一生，它的叙事是不是就像你自己写的那样？

狄迪恩　　对，我觉得是。

10　海　底

海蒂　　　如果你没有写作，没有成为作家，会不会做完全不一样的——

狄迪恩　　哦，我不知道。我其实想过当一名海洋学家。毕业之后我在纽约一家杂志社上班时，还去了斯克利普斯研究所。现在属于加州大学圣迭戈分校，但那会儿就叫斯克利普斯海洋研究所，归属于加州大学。我问他们如何才能成为一名海洋学家。他们基本就是在说我得回炉重读高中，你知道吗。我当时没有修任何理科课程，也就没法去修任何成为海洋学家所需的理科课程。所以我放弃了这个念头。但我觉得我可以成为一名海洋学家，如果我能做到那点的话。

海蒂　　　它看上去会是更快乐的人生吗?

狄迪恩　　更快乐？不知道。我喜欢当作家。

海蒂　　　写作也是一种潜入水下。

狄迪恩　　对，它也是潜入水下。嗯，我一直很好奇事物有多深，你知道吗。

你对 2021 年最大的期待是什么?
复活节派对,要是能办的话。

THE LAST INTERVIEW

最后的访谈

采访者
鲁西·费尔德曼

《时代》(*Time*)
2021 年 1 月 22 日

琼·狄迪恩受不了蠢人。她也没必要容忍他们。她的简历充满了传奇：大四时，她在 Vogue 赞助的随笔大赛中获奖并留社工作，从此开启了写作生涯。她率先撰稿质疑中央公园慢跑者案的宣判结果，而当年获罪的五人如今已重获清白。她的回忆录《奇想之年》获得了国家图书奖并进入普利策奖终选名单，它透彻地探讨了丧恸这一最精微也不朽的主题，融合了记者式的观察和肝肠寸断的个人史。她为琳达·卡萨比安购物。她采访过吸食迷幻药的五岁小孩。她在八十岁时出演了思琳的广告。抛开她的政见不谈，狄迪恩是某类人心中永远的女神——文学的化身，酷的代言人。她记录了我们的时代，打破了我们共有的错觉，独具风格地呈现出冰冷的现实。

因此，当采访狄迪恩这个千载难逢的机会出现在你面前时，你不会放过它。如今八十六岁的狄迪恩在纽约家中忍受疫情，她的最新随笔集《让我告诉你我是什么意思》(*Let Me Tell You What I Mean*) 将于 1 月 26 日上市。这本书收录了她在 1968 至 2000 年间创作的 12 篇文章，涵盖主题包括玛莎·斯图尔特、匿名戒赌互助会、南希·里根，以及写作的艺术。合在一起，它们展现了狄迪恩作为写作者和记者的成长，也记录了美国文化中的重要时刻。出版前夕，《时代》杂志有幸向狄迪恩提了几个问题。

费尔德曼	在眼下这个艰难的时刻，我不得不先问：你现在怎么样？
狄迪恩	我还好。有点无聊，但还行。

费尔德曼	你说过，你在 1968 年夏天经历的眩晕和恶心，算是对当时的一个恰当回应。面对 2020 年，什么样的回应是恰当的？
狄迪恩	眩晕和恶心吧。

费尔德曼	你在《奇想之年》和《蓝夜》中对丧恸进行了精准的描写。过去一年里上百万人失去了至爱，你会对他们说什么？
狄迪恩	不知道。我不知道能说什么。

费尔德曼	你害怕死亡吗？
狄迪恩	不。好吧，怕，当然怕。

费尔德曼	你有希望吗？
狄迪恩	对什么的希望？不，并没有什么希望。

费尔德曼	自疫情以来，纽约彻底不一样了。你最怀念什么？
狄迪恩	我怀念邀请朋友来家里吃晚餐。不过我在红酒上的开销变小了。

费尔德曼　　纽约和加州哪个对你来说更像家?

狄迪恩　　两个都是。

费尔德曼　　共情力和置身事外的观察力,这二者哪个能让人成为更好的记者?你更擅长哪一个?

狄迪恩　　我这两方面都不强。

费尔德曼　　你对"写你熟悉的东西"这句老话怎么看?

狄迪恩　　没什么看法。

费尔德曼　　你会重读自己过去的作品吗?如果读的话,你怎么看它们?

狄迪恩　　有时候会读。有时我觉得写得挺好,有时候心想,"天哪"。

费尔德曼　　你被称为代表你的时代的声音,这对你而言有什么意义?

狄迪恩　　我毫无想法。

费尔德曼　　你在1991年的著名报道里指出,中央公园慢跑者案里那五名获罪的少年是被冤枉的。他们被免罪时你是什么感受?

狄迪恩　　我是什么感受对我和他们都没什么意义。

费尔德曼 你被誉为时尚偶像，对此你有什么感受？
狄迪恩 我不知道我是。

费尔德曼 你还有什么没实现的愿望吗？
狄迪恩 学会怎么用我的电视机。

费尔德曼 你会看什么？
狄迪恩 除了新闻，我想不出别的。大概纪录片吧。一些剧集。

费尔德曼 你对 2021 年最大的期待是什么？
狄迪恩 复活节派对，要是能办的话。

琼·狄迪恩 JOAN DIDION

被公认为二十世纪最具影响力的作家之一。她于 1934 年出生于加州萨克拉门托。1956 年,她从加州大学伯克利分校英语专业毕业,随后搬到纽约,开始了她的写作生涯。她在 Vogue 杂志担任宣传文案写手和专题副编辑。就职期间,她创作了第一部小说《奔跑吧,河流》。作家约翰·格列高利·邓恩帮助她编辑这部小说,二人于 1964 年结婚。不久后,他们搬到洛杉矶,于 1966 年领养了女儿金塔纳·罗奥·邓恩。1968 年,狄迪恩出版了首部非虚构文集《向伯利恒跋涉》,被誉为新新闻主义的开山鼻祖之一。她的小说《顺其自然》和《公祷书》分别于 1970 年和 1977 年出版。1979 年,她出版了第二部非虚构文集《白色相册》。1971 年,她和邓恩开始合作创作电影剧本,包括《毒海鸳鸯》。随后,她改编了《顺其自然》,并为 1976 年翻拍的《一个明星的诞生》创作了剧本。从 1980 年代到 2000 年间,她继续发表小说和非虚构文集,包括《萨尔瓦多》《民主》《迈阿密》《悼亨利》及《他最后的心愿》。2003 年,邓恩心脏病发作,猝然离世。她创作了回忆录《奇想之年》,记录他的离世及她在丈夫死后的生活。不久后,女儿金塔纳·罗奥离世,她于 2011 年出版了回忆录《蓝夜》,记录和女儿的关系。2021 年 12 月 23 日,琼·狄迪恩在曼哈顿家中去世,死于帕金森综合征,享年 87 岁。

帕特里夏·洛克伍德 PATRICIA LOCKWOOD

诗人、小说家、随笔家。她的首部小说《没人在谈论这个》(*No One Is Talking About This*)于 2021 年出版,入选布克奖终选名单。她的回忆录《牧师爹地》(*Priestdaddy*)于 2017 年出版,获得美国瑟伯幽默文学奖。她的诗集包括《母国父国祖国恋》(*Motherland Fatherland Homelandsexuals*),这本书被《纽约时报》选为 2014 年值得关注的书。2019 年至今,她担任《伦敦书评》的特约编辑。

希尔顿·阿尔斯　HILTON ALS

《纽约客》记者及戏剧评论人。著作包括《白人女孩》(*White Girls*)和《那些女人》(*The Women*)。他曾获得普利策批评奖（2017年）及温德姆·坎贝尔文学奖（非虚构门类）。

萨拉·戴维森　SARA DAVIDSON

记者、小说家、编剧。她曾担任《波士顿环球》记者，并为《哈珀斯》《时尚先生》《纽约时报》《滚石》和《大西洋月刊》等平台撰稿。她出版有畅销人物群传《零钱》(*Lose Change*)。

萨利·戴维斯　SALLY DAVIS

曾担任太平洋电台（Pacifica Radio）制片人。

戴夫·艾格斯　DAVE EGGERS

作家、编辑和出版人。他创立了文学刊物《蒂莫西·麦克斯威尼的季度关注》(*Timothy McSweeney's Quarterly Concern*)，著有《一部令人心碎的天才杰作》(*A Heartbreaking Work of Staggering Genius*)、《什么是什么》(*What Is the What*)，以及近作《每一个》(*The Every*)。他曾获得多项文学奖和荣誉，包括布朗大学文学荣誉博士学位、代顿文学和平奖、笔会美国中心荣誉奖。他的作品曾入选普利策奖、美国国家图书奖、加州图书奖、美国国家书评人奖的终选名单。他于2005年入选《时代》周刊100个最具影响力人物。

露西·费尔德曼　LUCY FELDMAN

《时代》周刊的资深编辑，负责出版物和作家板块。她曾任职于《名利场》和《华尔街日报》,曾担任《华尔街日报》读书俱乐部主理人。

特里·格罗斯　TERRY GROSS

自1975年起担任《新鲜空气》节目的制片人和主持人,当时《新鲜空气》还是一档地方节目。1993年,《新鲜空气》凭借其"深入的追问,犀利的访谈和不凡的洞见"获得皮博迪奖(Peabody Award)。2003年,格罗斯获得公共电台最高殊荣,爱德华·R.默罗奖(Edward R. Murrow Award)。她著有《我只管提问:和作家、演员、音乐人和艺术家的对话》(*All I Did Was Ask: Conversations with Writers, Actors, Musicians, and Artists*)。

希拉·海蒂　SHEILA HETI

曾担任《相信者》的人物访谈编辑。她著有小说《如何存在?》(*How Should a Person Be?*)、《房间里的母亲》(*Motherhood*)及近作《纯色》(*Pure Colour*)。

哈里·孔兹鲁　HARI KUNZRU

著有多部小说,包括《白泪》(*White Tears*)、《红药》(*Red Pill*)和《传播》,后者被《纽约时报》选为年度值得关注的书。他于2014年获得约翰·西蒙·古根海姆奖,2016年获得柏林美国学院奖。

马丁·托戈夫　MARTIN TORGOFF

美国记者、作者、纪录片导演、电视剧导演及制片人,曾广泛涉足音乐和美国流行文化领域。著有代表作《找不到回家的路:嗑药时代的美国,1945—2000》(*Can't Find My Way Home: America in the Great Stoned Age, 1945–2000*),一部关于非法毒品的文化史。